武術に学ぶ
一瞬で自分を変える技術

さらに自分のリミッターをはずす！

苫米地英人

ビジネス社

はじめに

たぶん、ほとんどの人が自分を変えたいと思っているのではないでしょうか？

もっと優しい人間になりたい、怒らないようになりたい、心を強くしたい、自分に自信を持てるようになりたい、集中力が欲しいなどなど。自分の短所やいたらない点、そういった部分を改善したいと思っているでしょう。

しかし、それを実現するのは容易ではありません。

自分のこれまでの習慣や考え方を変えるというのは生半可なことではないからです。

ところが、その一方で私たちは一瞬で変貌《へんぼう》します。

端的な例が催眠術です。

皆さんもショー催眠をご覧になったことがあるでしょう。

催眠術にかかると、ワサビを食べても「甘い」と感じたり、自分の名前を思い出せなくなったり、イスから立ち上がることができなくなったり、五感や記憶、運動神経を簡単に支配されてしまっています。

つまり、本当はいとも簡単に人は変わることができるのです。

もしも、いまここで「いや、あれは催眠術にかかったからであって、ああいうものを人が変わったとは言わない」と思った人がいたら、それは大きな間違いです。

なぜなら、催眠術とはすべて自己催眠だからです。

たとえ、術者が催眠術をかけていたとしても、それは術者がかけているのではなく、術者の術を利用して被術者が自分で自分に自己催眠をかけているのです。こういったことを丁寧に解説したのが前作『完全版　変性意識入門　自分のリミッターをはずす！』でした。

前作では催眠術者の言葉として「催眠術者が誰に一番催眠をかけているのかといえば、それは自分にです。自分に術がかかっているから相手も術に落ちるのです」というものを紹介しています。また、「すべての催眠は自己催眠です」とはっきり断言してもいます。

実はこれが催眠の本質なのです。

催眠はすべて自分で自分にかけているのです。

つまり、その気にさえなれば、自分で自分を変えることは簡単なのです。

そして、変われないのは、自分が変われると本気で思っていないからです。

もう一度言います。

私たちが変われないのは「自分が変われると本気で思えていない」ためです。

私はこのことを前作で催眠、気功、古武術を例にとって伝えました。

しかし、読者の反応を見ていると、やはり伝えきれていないようです。

なぜ、伝えきることができないのか、というと、どこかで自分で自分を信用しきれていないためです。

いくら私が「あなたは簡単に変われる」と言っても、あるいはそういう証拠を提示しても、長年付き合ってきた〝自分〟がそう簡単に変わるわけがないと心の底では固く思い込んでいるのです。「自分で自分のことは理解しているさ。もしかしたらほかの人は簡単に変われるかもしれないけど、私が変わるのは簡単じゃない」と思っているために変われないのです。

しかし「自分で自分のことを理解している」ということがそもそも思い込みです。

本当は思っている以上にあなたの身体はあなたの自由にならないし、あなたの心も、目や耳から入ってきたちょっとした情報によって判断を曲げられています。

たぶん、そのことを痛感すれば、「変われないと思っている自分の判断もまた誤解である」ことがわかってくるでしょう。

この誤解がしっかり解けた時、私たちはいとも簡単に変わることができるのです。

そして、この誤解を解くための効果的なツールが本書のテーマである「武術」です。

なぜ武術なのか？

なぜ武術なのか？

そう疑問に思った読者も少なくないでしょう。

そもそも武術は戦いの技として生まれました。はっきり言ってしまえば人殺しの技術です。たまたま、いまは護身術や警護術となっていますが、最も効果的な護身法や警護術は襲ってきた人間を生かして帰さないことです。これが後顧の憂いを最も残さない方法です。

武術はそのために磨かれてきた技術です。

ところが、21世紀の現代で、それもいまの日本で戦いの技術、特に人殺しの技術に意味があるでしょうか？

武術がそういうものでしかないのであれば、たぶん、私たちには不必要な技ですし、遠からず、消え去っていくものでしょう。

しかし、私はそれは違うと思っています。

なぜなら、武術には人間の心と身体を研究し尽くした叡智《えいち》が詰まっているからです。

それというのも、昔の武家の戦いは一対一というものではなく、どんな敵が何人来ても、どんな武器を持ってこようとも、危機から脱出することがその目的でした。

そういう圧倒的不利な状況の中で、いかに主君を守り、自分も生き残るのかを考えて作られたのが武術なのです。

となれば、その技術はフィジカル主体のものにはなりえません。いくら身体を鍛えたからといっても多勢に無勢という言葉があるように多人数にはかなわないのです。

必要になってくるのは人間の反射、意識と無意識の理解であり、それを利用した身体と心の操作法です。

特に、人は無意識で動き、生理的な反射にたびたび反応し、感覚だけで世界を捉えています。

武術の技とはこれらを徹底的に利用するものなのです。

だからこそ、多人数の相手にも勝てるし、相手より武器が劣っても身を守ることができるのです。

この武術の技術と叡智を取り込めば、私たちの生き方はもっと素晴らしいものになるでしょう。

なぜなら、本当の意味での身体の使い方を覚えるからです。

本当の意味での身体の使い方とは、心の使い方のことです。

そうです。身体と心はひとつなのです。

ところが、西洋的な二元論に毒されてしまっている現代の人々は身体と心がひとつであることを理解できていません。言葉ではわかっていたとしても、ともすれば「もっと心を鍛えなければ」と思ってしまいます。

違うのです。心を鍛えるとは身体を鍛えることであり、身体を鍛えることは心を鍛えることなのです。

武術はその本質を理解しているから相手に勝つことができるのです。

ただし、ここで勘違いしてほしくないのは、「じゃあ、筋トレをやれば心も強くなるんだな」と思ってしまって筋トレばかりに励むのは間違いということです。筋トレをやれば、身体が大きくなるのですから、自信はつくでしょう。それは当然悪いことではありません。

しかし、実はそのやり方は、弱い心の上に筋肉を貼《は》り付けているだけの可能性もあるのです。外から見る分には強くなったように見えますが、筋肉を剥《は》がすと心は弱いまま残っています。

これは今回、本書に全面的に協力していただいた沖縄拳法空手の達人・山城美智《やましろよしとも》師範の言葉です。山城師範は「自分が強くなったのに弱い人をその強さでいじめてしまう人がいる」と言って、その理由を弱い心に筋肉を貼り付けるたとえをしてくれました。

まさに、そのとおりで、心と身体はひとつだからといって筋肉ばかりを鍛えるのは本末転倒なのです。もちろん、心を鍛えればいいんだといって肉体を疎《おろそ》かにするのも間違いです。

何度も言いますが、心と身体はひとつなのです。別々に鍛えるものではないですし、同時に鍛えるという概念すら間違っています。ひとつなのですから、〝同時〟と思うこと自体が二元論の考え方になっています。

つまり、私たちの感覚はこのぐらい深く、二元論の考え方が染み込んでいるのです。

心は身体なのです。

武術はそれを理解しているから強いのです。

だからこそ、多勢に無勢でも勝てるし、武器を相手にしても勝てるのです。

私はこの「心は身体」ということを武術というものを通して理解してほしいと思っています。

人は無意識の存在

といっても、「だから、私は読者の方々に武術を身につけてほしい」と言っているわけではありません。興味があるのであれば止めたりはしませんが、私がここで言いたいのは武術の叡智を知ることで心は身体であることを知ってほしいと言っているのです。

では、心と身体はひとつとは具体的にどういうことでしょうか？

それは無意識とは何かを考えるとわかってきます。

その例として、私がよく挙げるのが自転車の運転です。

私たちが自転車に乗っている時、左右のバランスをうまく取ろうといった意識で乗っているわけではありません。身体が勝手にバランスを取っています。どういうふうにバランスを取っているのか、言葉で説明するのも難しいくらい、身体に染み込んでいます。

乗れない時はあれだけ苦労したのに、一旦、乗れるようになってしまえば、今度は乗れないようにするのが難しいぐらいなのです。これが無意識の身体操作であり、「心は身体」のひとつの例です。

もうひとつ例を挙げるならば、歩くという行為です。

私たちは歩く時、「右足の次は左足、左足の次は右足を前に出そう」などと思って歩いてはいません。自然に右、左、右、左と足を前に出しています。また、その動作に合わせて、上半身も自然にバランスを取っています。このバランスを取る行為で言えば、「立つ」ことも無意識の行為です。

さて、勘がいい人はそろそろ気づいたでしょう。実は、私たちの身体操作はほとんどが無意識状態で行っているのです。

その証拠に、朝起きてから夜寝るまでの間の自分の動きを考えてください。朝、ベッドから起き上がるのも、顔を洗うのも、歯を磨くのも常に私たちはバランスを取って立っています。朝食を食べる時、私たち日本人は箸を使って食事をとりますが、箸の操作をいちいち考えながら食べたりはしません。

無意識を理解する時に最初に理解しなければいけないのは、このことです。私たちは、身体を動かす時、ほとんど無意識なのです。

無意識状態は身体操作だけではありません。私たちの行動もそうです。再び、朝起きてからの自分の行動を考えてみてください。ベッドから出て、顔を洗って、歯を磨いて、朝食をとる。これらの一連の行動はほぼルーチンワークでしょう。駅まで行く。電車に乗る。会社に入ってエレベーターのボタンを押す。この時、何階のボタンを押すかなど考えもしないでしょう。当たり前のように手が勝手に動いて目的階のボタンを押しているはずです。

身体操作だけでなく、行動までも無意識なのです。

ところが、私たちはそれにも気づきません。あまりにも当たり前すぎて無意識であることすら忘れています（もっともそれが無意識の定義ですから当然なのですが）。そして、先ほどの自転車の例などを耳にすると、こんな勘違いをしてしまうのです。「そうか。確かに自転車に乗ってる時は無意識だったな」と。

違うのです。自転車に乗ってる時だけが無意識ではないのです。歩いている時も立っている時も、私たちは無意識の身体操作を常に行っています。

しかも、意識的に動いているつもりの行動すら、かなりの部分がパターン化されており、自分で無意識化してしまっているのです。

武術はこういった無意識の行動や、身体が生まれながらに持つ反射を利用して技が作られているのです。

ということは武術を学ぶということは無意識を学ぶということであり、それはとりもなおさず、自らの身体操作、心の使い方を精査することにつながっていくのです。

そして、人が変わりたいと思っている部分のほとんどは無意識の中に存在します。

例えば、集中力が欲しいと思っている人はなぜ、集中力がないのでしょうか？

それは気づかないうちに注意が散漫になっているからです。本来集中しなければならないモノとは別のモノに、気づけば集中しているためです。集中力がないのではなく、集中する時間が短い、あるいは別のモノにすぐにフォーカスしてしまうためです。

ということは、集中が途切れた瞬間に気づけば、問題は解決できるわけです。

そして、武術はこの集中が途切れる瞬間を狙《ねら》って技をかけます。あるいは、集中が途切れるように誘導して技をかけます。

武術を理解した時、人は変われるとはこのことを言っているのです。

また、このことをよく理解するためのキーワードとして覚えておいてほしいのが「内部表現の一瞬の書き換え」という言葉です。

内部表現の一瞬の書き換え

「内部表現の書き換え」とは一言で言ってしまえば、それまでの選択肢を変えてしまうことです。これまでAを選んでいた人がBやCといった選択肢があることに気づいたり、BやCを選ぶことでより良い人生、自分らしい人生を生きる手助けをするものです。

ただし、「内部表現の書き換え」は洗脳技術とかなりの部分重複しており、危険な技であることは間違いありません。「そんな危険な技をなぜ公開するのか」という人もいるでしょう。

確かにその気持ちもわかりますが、現代はあまりにもひどい洗脳時代です。洗脳技術を公開しないと、人々は手もなく、洗脳されてしまうのです。

いまが洗脳時代である証拠の最もわかりやすい例は東京オリンピックです。東京オリンピックではいまボランティアという美名のもと、11万人のタダ働き要員を募集しています。しかし、ボランティアたちの無償の働きによって誰が得をするのかといえば、大手広告代理店です。彼らに利益が流れるような仕組みがあることを知っていながら、テレビと新聞はそれをほとんど報道せず、素晴らしい体験、おもてなしなどと言って喧伝《けんでん》しています。これを洗脳行為と言わずして何を洗脳と言うのでしょうか?

洗脳で最も効果的なのは大手メディアを使った手法です。現代の日本はそれが日常茶飯事になっているのです。はっきり言わせてもらえば、テレビはすでに広告代理店が操作する洗脳マシンに堕していています。とてもメディアと呼べるような代物ではありません。

そんな時代ですから、いまは、国民一人一人が「内部表現の書き換え」の技術を会得しておく必要があるのです。百歩譲って会得しないまでも、どういうものであるかぐらいは、知っておく必要があります。

ですから、私はこういった書籍をずっと書いているのです。

もちろん、「内部表現の書き換え」を伝えるのは洗脳社会から身を守るためだけではありません。この技術を使って「人間は自分自身の力でこんなことまでできるんだ」と気づいてほしいということもあります。

私たちには多くの可能性が眠っています。自分ではこんなことは無理だと思うようなこともできてしまいます。

「内部表現の書き換え」の技術は、実は対洗脳技術というよりは、そちらの方面で積極的に活用してほしい技術なのです。

そして、「内部表現の書き換え」を一瞬で行ってきたのが武術なのです。

それが具体的にどういうことなのかは、本書を読んでみてください。

私の言葉や先に紹介した山城師範の言葉などにそのヒントや答えを見つけることができるはずです。

平和な現代において武術は本来、無用の長物です。しかし、その叡智の集積の中には私たちを大きく変えるためのエッセンスが詰まっています。

人の生き方や考え方を変える力があります。

なりたい自分になれる力が武術にはあるのです。

本書はそれを探るためのものとなります。

ちなみに、本書はこれまでの私の本とは趣きが大きく異なっています。

なぜなら、この武術編を作る上で欠くべからざる存在として武術家の存在が不可欠だったからです。それも本物の武術家が必要となります。

それが先ほどから名前を出している沖縄拳法空手の六代目・山城美智師範です。沖縄拳法空手と聞くと「拳法なのか空手なのかどっちだろうか?」と思う方もいるでしょうが、この流派は泊《とまり》手《てぃ》の正統を受け継ぐ由緒正しい流派です。

有力な情報によれば空手の始まりは泊手であり、そこの正統を受け継いでいるということは空手の源流を受け継いでいることになります。

その六代目が山城師範というわけです。

また、山城師範の情報を私に与えてくれたのは、プロ格闘家の菊野《きくの》克紀《かつのり》選手です。彼は総合格闘技では日本でトップクラスの選手で、その菊野選手の師匠が山城師範になります。

さらに、こういった情報が集まり始めている時に、出版社のほうから、『自分のリミッターをはずす！』の第2弾を出してほしいという打診がありました。偶然ですが、彼らのテーマも武術であり、彼らもまた本物の武術家を探していたのです。私は迷いなく、菊野選手と山城師範を紹介しました。

そのため、本書ではまず菊野選手および山城師範のインタビューを紹介したいと思います。2人が武術の何に感動し、どんな技に人間の潜在能力を感じているのかを確認してほしいのです。

本書は武術がテーマですが、武術の技術書ではありません。武術のエッセンスを知ることによって、なりたい自分になるためのヒントを提示するものです。

武術の中には、自分をダイナミックに変革するヒントと、それを可能にする技があるのです。それを伝えるために本書は書かれています。そこを味わってください。

また、インタビューの聞き手ですが、以前、サイゾーから刊行して好評を博した『苫米地博士の「知の教室」』の聞き手を担当したライターさんにお願いしました。

彼とは長年仕事をして信頼できますし、もともと格闘技雑誌の記者だったこともあり、今回のテーマにはうってつけでしょう。また、理解できないことがあれば、ズケズケ聞く図々しいところもあるので、彼には、「菊野選手や山城師範から、いわゆる空気投げのような一見不思議に見える技なんかを味わってきなさい」と伝えてあります。

やはり、技というものは実際に味わってみないとわかりません。

インタビューする人間がそれをわからないままでは話になりませんので、「まずは投げられてきなさい。不思議な技を体感してきなさい。なんだったら多少痛い目にも遭ってきなさい（笑）」と伝えてあります。というか、それしか伝えていません。

しかし、そのほうがリアリティをもって読者に武術のなんたるかを伝えることができるでしょう。まずは、それを読者の方々は感じてほしいと思います。

さて、機は熟したようです。

武術の叡智を理解し、私たちの潜在能力を最大限に引き出すエッセンスに触れる世界に旅立ってみましょう！

武術に学ぶ

一瞬で自分を変える技術

さらに自分のリミッターをはずす！——目次

第2章　武術の真髄 —— 81

第3章

内部表現の一瞬の書き換え

資料編

沖縄拳法の歴史と系譜

第1章

武術と身体の使い方

苫米地博士から編集部への指令①

例えば、合気道なんかは人間を空気投げのようにポンポン飛ばしています。

ああいうのを見て、多くの人はあんな技が本当にあるのかと訝《いぶか》しく思うでしょう。

しかし、苫米地博士は語ります。

「ああいう技には術理があるんだよ。つまり、飛ばされるには飛ばされる理屈があって、その術理に乗せてしまえば誰だってできる技術なんだよね（笑）」

前作でも少し触れていますが、博士はかなり深く武術に精通しています。よって、一見、不思議に見える武術の技、言葉は悪いですがインチキにすら見えてしまう空気投げのような技の数々にも「技術がある」と断言するのです。

今回、編集陣はそこに注目しました。

同時に子供のようにワクワクもしました。

というのも、苫米地博士は常々、このように言っていたからです。

「内部表現の一瞬の書き換えは武術ではすでに実現してるんだよ」と。

まず、内部表現が何かというと、博士いわく「よく晴れて気持ちいいなあ」と思うのも内部表現ですし、初対面の人を見て「なんかこの人、好きじゃない」あるいは「この人と友達になりたい」などと思うのも内部表現だということです。こういった内部表現の蓄積がその人の認知の方向性を形作っていく、というわけです。

つまり、何を好み、何を嫌い、何を楽しいと思い、何を大事に思うか？　まさに、その人がその人たる〝由縁〟に内部表現がある、と博士は語ります。

その〝由縁〟を「書き換える」のが「内部表現の書き換え」であり、苫米地博士が脱洗脳やコーチングなどで、時に応じて活用しているものです。

博士の他の著書を見ていただければわかりますが、オウム信者の脱洗脳を何度も成功させている強力な技術もこの「内部表現の書き換え」です。

そんな高度な技を「武術では一瞬で行っている」というのです。

「ぜひ、取材したい！」

我々は当然思いました。

しかし、武術の技は元来が公開しないものです。たとえ、技は公開しても、その術理まで教えてくれる武術家などほとんどいません。

そんな時に、博士から「山城師範という本物がいるよ」という話が飛び込んできました。

調べてみると、山城美智師範は沖縄の空手である泊手の六代目師範で、強烈な突きで知られている方でした。フワッと出した何気ない突きが悶絶《もんぜつ》するほど効くというのです。

しかも、空気投げのような不思議な技も自在に使うこともわかってきました。

そして、我々取材陣にとって何よりありがたかったのは、技の解説を惜しげもなくしてくれるということです。

「山城先生には一度、会ってきたほうがいいね。だけど、その前に山城先生のことを俺に教えてくれた菊野選手に会ったほうがいいかな」

苫米地博士はプロ格闘家として知られる菊野克紀選手と以前から懇意で、山城師範は菊野選手の師匠だったのです。

ですので、本章ではまず、プロ格闘家・菊野克紀選手のインタビューから始まります。

菊野選手が学ぶ泊手とはどういう技なのか？

山城師範とはどういう人なのか？

そして、「内部表現の一瞬の書き換え」とどうつながってくるのか？

さまざまな疑問と期待がうず巻く中、インタビューはスタートしました！

プロ格闘家・菊野克紀選手インタビュー

聞き手・中村カタブツ君

●菊野《きくの》克紀《かつのり》

１９８１年10月30日鹿児島県生まれ。武術家。柔道と空手を学び、２００５年にプロ格闘家としてデビュー。空手仕込みの三日月蹴りが注目される。第５代ＤＥＥＰライト級チャンピオンに輝いたあと２０１２年沖縄拳法空手と出会い、突きの威力が劇的にアップ。ＫＯ勝利の山を築くようになり、２０１４年にはアメリカの総合格闘技団体ＵＦＣと契約。２０１８年自ら主催する総合格闘技大会『敬天愛人』を開催、大盛況となる。初代巌流島全アジア武術選手権者。

なぜUFC選手が沖縄拳法空手を始めたか？

――今日は苫米地博士の紹介で、お邪魔させていただきます！　よろしくお願いします。

菊野　苫米地先生にはいつもお世話になっています。こちらこそ、よろしくお願いします（笑）。

――早速、武術のことをいろいろお聞きしたいんですけど、菊野さんってUFC（アメリカの総合格闘技団体の最高峰。チャンピオンになると1試合で13億円を手にする選手も存在。このため世界中から最強クラスの選手が集まることで有名）の契約選手として活躍してた総合格闘技のトップ選手だと思うんですけど、その菊野さんがなぜ沖縄拳法空手を始めるようになったんですか？

菊野　もちろん強くなるからです。僕はプロですから強くなるためなら、なんでもやりますし、ならなければ取り入れたりしません。

――ということは、沖縄拳法空手をやると強くなるんですね？

菊野　なります！　間違いなく強くなります（笑）。

――いや、でも、菊野選手って十分強いじゃないですか？　だってUFCと契約したんですよ。あそこと契約できた選手って日本人では数人です。メチャクチャ強いと思うんですが。

菊野　そう言っていただけるのはありがたいんですが、僕は強くないです。例えば、身体のバネがあるほうじゃないので、パンチ力もないですし。

――でも、結構、ＫＯ勝ちありますよ。

菊野　それはまさに山城先生に空手を習うようになってからです。なぜなら、沖縄拳法空手（沖縄拳法空手会）の突きは身体のバネを使わないんですよ。使わずに強いパンチが打てるので、その突き方ができるようになってからは試合でもＫＯが続いて、それでＵＦＣからもお声がかかったんですね。

――へぇ～～、そんな凄《すご》い空手なんですか。

菊野　本当に凄いです。７年ぐらい前だと思うんですけど、当時、桁外《けたはず》れに強い突きを打つ沖縄空手の山城先生っていう空手の先生がいるって話を聞いたんですよ。僕もちょうどその頃、格闘技で悩んでた時期だったんで、その空手のセミナーに参加して先生に突いてもらったんですけど、ドエライほど強烈に効くんですよ。それで驚いて感激して（笑）。

――感激して（笑）。でも、そうですよね、やっと求めていたものに巡り合えた喜び。

菊野　本当にそうです！　感動ですよ、あれは（笑）。

――一体、どんな突きだったんですか？

菊野　軽くスッと手を出しただけなのに交通事故に遭ったような衝撃を受けたんです（笑）。

――えっ、ホントですかぁ⁉

菊野　ホントです。で、何より凄いのはお弟子さんもできるってことなんですよ。先生に突いてもらったあとに、お弟子さんにも突いてもらったんですけど、やっぱりありえない威力なんですよ。「これは再現性もあるな」「身につけられる技だな」ってわかったら、もう弟子になるしかないじゃないですか（笑）。

——確かにそうですね（笑）。出会いというよりも光明だったんですね。

菊野　本当、光明でしたね、僕にとっては（笑）。

——それで、交通事故に遭ったような強烈な突きの威力の謎はわかりました？

菊野　わかりました。重心移動です。

——重心移動？

菊野　沖縄拳法空手の動きって全部重心移動で作られています。重心が揃《そろ》うって僕らは言うんですけど、普通、パンチを打つ時って足で地面を蹴《け》って腰をひねって打つんです。でも沖縄拳法空手の突きは真逆で手先だけを動かすんですよ。手先だけを動かすことで、それに身体が引っ張られて重心がド～ンって乗るんですよ。

——ということは、いわゆる手打ちのほうがいいってことですか⁉

菊野　手打ちがいいんです。要は地面を蹴るって行為が自分の重心を浮かせてしまうんですよ。

——う～ん、そんなことってあるんですか？　一応僕、格闘技の記者をやってたことがありまして一通りの理屈は知ってたつもりなんですけど、手打ちに威力があるなんて初めて聞きました。

菊野　じゃあ、体験してみましょう。それが一番早いので。

――わかりました。でも、軽くお願いしますね。

菊野　大丈夫です、軽くいきます（といって軽く聞き手の胸を叩く）。

――ウワァ（ドン！　と身体の芯《しん》に響く重い衝撃が突き抜けてしばらく話せなくなる）な、なんですか、この重さは‼

菊野　明らかに見た目よりも重かったと思うんですよ（笑）。これは上半身の重さを拳に乗せて打ったからです。

――上半身の重さ？　要は、身体の使い方がボクシングやなんかとは全然違うってことですか？

菊野　違います。さっき言ったように、一般的なパンチって足で地面を蹴って腰をひねって打つんですけど、沖縄拳法空手では重心を浮かせないために手先だけを動かすんです。そうすると身体が前に引っ張られて自分の体重をそのままドーンとぶつけられるんです。こういう身体の使い方を沖縄拳法空手では『型』で養っていきます。ナイハンチという型を最初にやっていくんですけど、その時の身体の動かし方は昔から伝えられたとおりにやるんです。愚直にやります。

――確かに最近、空手の型って注目されていますけど、「この動きはこういう意味なんじゃないか」みたいな研究が多くて、それってどうなんだろうなとは思っていたんですが。

菊野　山城先生が教える型は、先人からずっと伝えられてきているものなので、型の動きの意味も全部教えてくれるんです。

――それが理にかなっているんですか？

菊野　かなってます。型には全部意味があって、それを山城先生はすべて解説してくれますね。例えば、沖縄拳法空手で正拳を突く時には通常、引き手を腰の位置に取ります（**写真下**）。こうすると手と背中がつながるので重さが伝えられるんですね。

――手と背中がつながる？

菊野　肩の筋肉を使うのではなくて、手と肩甲骨が連動するように使うんです。

――つまり、それがさっきおっしゃってた「手先だけを動かすと身体が前に引っ張られて自分の体重をそのままドーンとぶつけられる」

左手の引き手は腰骨に当てている

ってことになるんですね。

菊野　そうです。

――しかも、そういった原理がすでに型の中に入っているんですね。

菊野　だから、納得できるんですよ。そのやり方で実際に威力もあるんで。で、この引き手には鍛錬的要素もあって、拳を骨盤に当てたまま、肘《ひじ》を背骨に引きつけていくんです（**写真**下）。そうすると背中がキツくないですか？

――キツいです。

菊野　それが手と背中がつながるってことですね。

――どこまで引きつけるんですか？

菊野　できる限りどこまでもです。だから、キリがないですよ。だって、実際には肘と背骨はくっつかないんですから（笑）。鍛錬なんで。

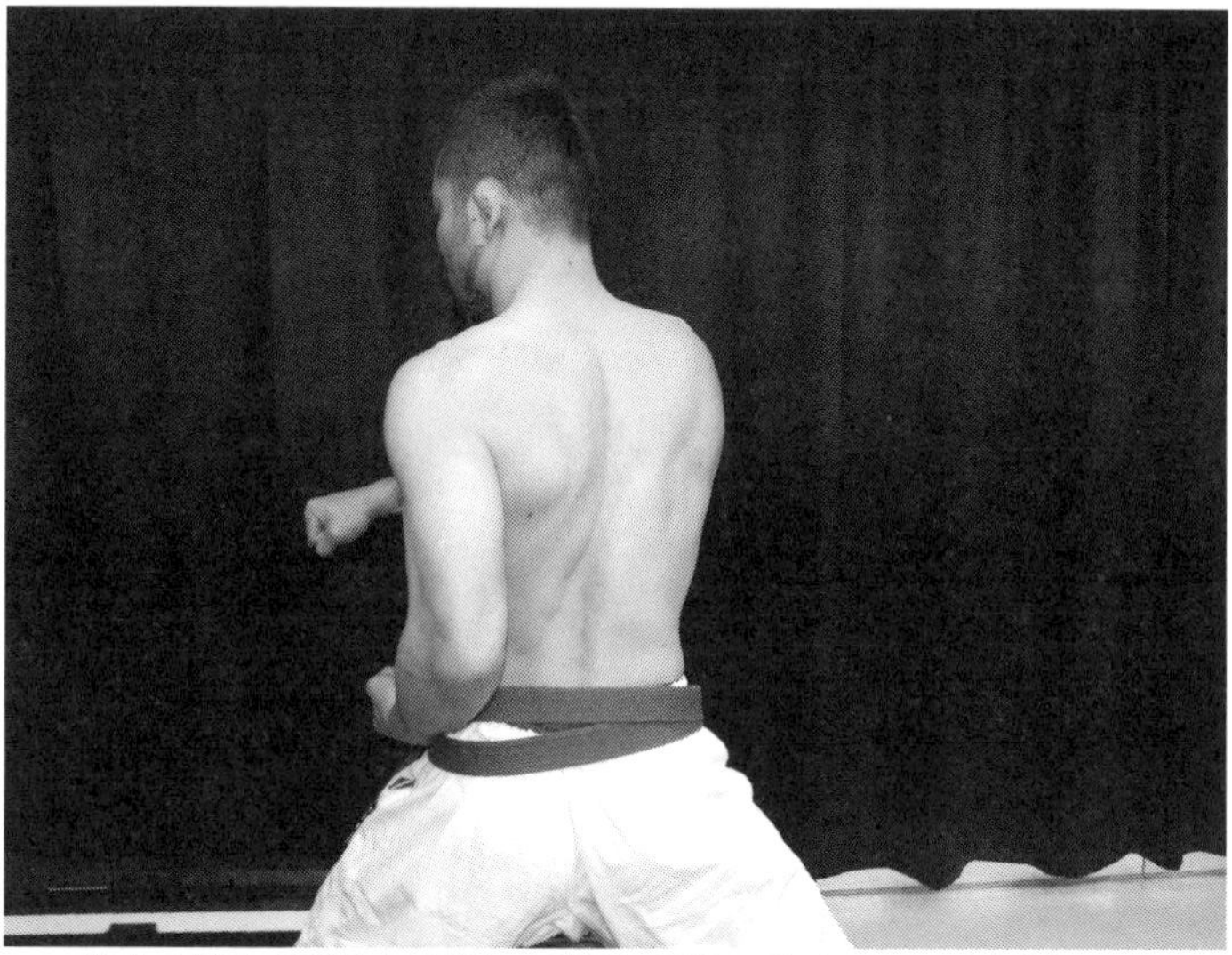

背中の筋肉が盛り上がり肘を背骨に引きつけているのがよくわかる

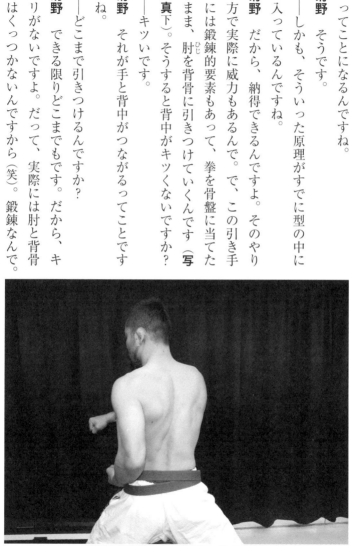

これをやっておくと、どんな打ち方をしても威力が出てきます。

――ボクシングみたいなパンチの打ち方をしてもですか？

菊野　そうです。手と背中が無意識のうちにつながるようになるんです。そういう無意識を意識的に鍛えていくんです。

――「無意識を意識的に鍛える」！　面白いですね（笑）。

菊野　強くなるだけじゃなく、学んでいて面白い空手でもありますよね（笑）。

――しかも、それは昔から伝えられているもので、それが残ってるっていうのも凄いですね。あと、山城先生の沖縄拳法空手のホームページを見ると不思議な固め技や投げ技も披露してますよね。あれも受けたことがありますか？

菊野　ありますよ。捕り手って言うんですけど、先生の腕を摑《つか》んだ手が離せないとかですよね？　あれも本当なんですよ。ハタ目から見たらインチキに見えますけど（苦笑）。

――いやあ、ぶっちゃけ、「本当に技にかかってるのかな。先生に気を使ってるんじゃないのかな？」とか思っちゃうんですよね（苦笑）。実際に、そういう先生はいますし。ただ、その一方で、本当にできる人もいるっていうのも知っているんですけど。

菊野　山城先生は本当にできるほうですし、教えてくれますね。だから、僕もできますよ（笑）。

人は視覚よりも触覚を優先する

――えっ、そうなんですか？　じゃあ、ここで（取材場所はカフェ）できる簡単な技があれば、やっていただけませんか？

菊野　いいですよ。じゃあ、一旦お店の外に出ましょうか。僕の胸を触れてもらっていいですか。

――はい。

菊野　じゃあ、そのままにしてくださいね。

――あれ？　なんか前に動いてしまいますね？（次ページの**図1**を参照）　どういうことですか？

菊野　手の平って外界からの情報をもの凄く敏感に察知する場所なんですよ。どのくらい敏感なのかというと視覚よりも敏感です。

――視覚よりも？

菊野　はい。見た目よりも触ってる感触のほうを優先します。例えば人は手の平にかかった圧力が変化した時にはじめて押されたり、引っ張られたりしてるって感じるわけですよ。逆に、圧力が変わらなかったら、何もされていないって認識するんです。だから、聞き手の中村さんがいま前に動いたのは、中村さんの手の平の圧力が変わらないように僕が後ろに身体を反らせたためです。これをされると、中村さんは変化してないと感じるので無意識に前に出てきてしま

図1

右側の人が左側の人の胸に触れる。

左側の技をかける人は、胸にかかる圧力を変えないようにゆっくり身体を後ろに反らせていく。

右側の人は手の平にかかる圧力が変わらないためにバランスを崩されているのがわからない。

うのでバランスを崩してしまうんです。

――へぇ～、全然わかりませんでした。

菊野　それは無意識が感じてしまっているので。もう一度やりましょうか？

――お願いします（さっきと同じ技をやってもらう）。やはり、バランスが崩れてしまう）。理屈を聞いたんで、ちょっと変わった気がしますけど、でも、やっぱりなんか崩れますね。

菊野　沖縄拳法空手は人間がもともと持っている、こういう生理的反射を利用して、相手に気づかれずに投げるっていう技が結構あります。

――試合にも使っているんですか？

菊野　はい、UFCでも使いました（笑）。

――つまり、実戦で使えるってことですね！

菊野　使えます、使えなければ僕は習いません（笑）。例えば、僕が出場した『巌流島《がんりゅうじま》』という総合格闘技の大会ではパンチも蹴りも投げも関節技もあるんですけど、その試合で巴投《ともえな》げっぽい投げ技をしたことがあって、あの時は完全にそうですね。相手の力を利用して投げをしましたね。相手が押してくるものに対して、押し返してはダメだし、引っ張ってもダメです。

――すいません。巴投げって相手が押してくるところを引っ張って投げる技なんじゃないんですか？

菊野　相手が押してくるのを引っ張っても、引っ張り返されちゃうので僕は押されたまま何もせずにフッと下に入ったんです。そしたら、相手は僕の上にくるんですよ、重心が釣り合うんです。それで投げることができます。

――そういうふうに技をかけるんですね。

菊野　やっぱり打撃があって、それで身体が一瞬固まったところをパッと摑んでパッと投げると技がかかりやすいです。最初から組んだ状態からやるっていうのは難しいです。

――昔から連綿と続く空手の技は打撃も投げもある総合格闘技のほうが使えるんですね。

菊野　山城先生の技はそういうのが本当に多いですね。力を入れないで柔らかく触れるとか。そうしないと技がかからないんです。

――山城先生の投げの動画を見ると、自分が離れると相手も離れるんで遠心力が働いて投げることができるみたいなことを言ってたと思うんですけど、そういうのも一緒なんですか？

菊野　一緒です。その投げは釣り合いを使っています。僕らは橋を架けると表現するんですけど、人間が組んだ時って、互いに寄りかかるように釣り合うか、引き合うように釣り合うのか、どっちかなんですね。人と人が支え合って釣り合う時は求心力が働いて、引き合うように釣り合うと遠心力が働きます。

――要するにぶつかりあう力か、引っ張り合う力か。

菊野　そうです。その釣り合った状態で片方が変化したら相手も変化するしかないんで、やじろべえのように動くんです。

――でも、そういうことって戦う人間はみんなわかっているはずじゃないんですか？　わかっていてもできないものなんですか？

菊野　この平和な世の中で、格闘技は競技化されちゃったんで、どうしてもパワー・スピード・スタミナの勝負が当たり前になっていますね。これは西洋の発想なんですね。いえ、近代西洋ですね。西洋でも昔のレスリングなんかはパワーを使ってなかったんですよ。イギリスにあったキャッチ・アズ・キャッチ・キャン（ＣＡＣＣ）というのはパワーを使わないレスリングです。このＣＡＣＣのジムが東京の高円寺にあるんですけど、これも凄いですよ。まさに古武術の動きをやります。だから、昔の戦いって命が懸かっていたので、人間の生理や心理まで利用した深い戦いをやってたんでしょうね。だけど、近代になって安全なルールの中では命を懸ける必要がなくなって、スポーツ化されたからパワーやスピードとかが重要視されるようになったんでしょうね。

――興味深い話ですね。実は、有名なフルコンタクト空手（顔面突き以外はどこを殴っても蹴ってもいいルール）の選手たちも、いま合気道を学んでいるらしいんですよ。選手だけじゃなくて、凄いデカい団体の総師範が「合気道は凄いよ」とか言ってたらしいですからね、「それをあなたが言っちゃマズイだろ」とか思ったんですけど（笑）。

菊野　正直な人ですよね（笑）。だから、いまの外国人に比べて肉体的に劣る日本人のスポーツ的な格闘技が新たな可能性を求めていた時に武術の技、古流の知恵に注目が集まっている感じがしますね。実際、キックの超一流選手とかまで合気道の先生について「キックの威力が変わった」って言ってますし。

――最近、空手の型が凄く見直されてきているのもそういう理由もあるんでしょうね。

菊野　だから、「空手って何ですか？」ってなった時に僕は型だと思うんです。

――昔は実戦だ、組手だって言って、型は物凄く軽視されていましたけど。ところで、型の研究って進んでいるんですか？

菊野　う～ん、型って昔のド天才が作ったものなので。たまたま山城先生は師匠から継承されているので、僕らにもちゃんと伝えられるんです。

――同じぐらいの天才だったら可能性はあるかもしれないんですかね？

菊野　時代背景もあるでしょうね。昔は命懸けの環境の中で、命を守る手段として実際に使っていたわけですから。それに現在は西洋の文化が入ってきてますから、昔の人とは身体操作が変わってきてるじゃないですか。いまは昔の日本人とは歩き方も変わったっていいますよね。だから、身体操作の大元がなくなっているんですよ。昔は普通に農作業とかしてたわけですけど、あれをパワーでやっていたら絶対に身体はもたないですから、一日中なんて。いかに力を抜いて自分の重さを使って作業するかっていう。クワで土を掘るにしても、クワの重さを利用して振り下ろして、自分の体重はクワに引っ張られて全身が入っていく動きだったと思うんですよ。

——いかに力を使わないようにするかが、昔の日本のすべての作業の勘所だったみたいですね。

菊野　筋肉ばかりを使っていられなかったはずです。姿勢を整えて、重さは骨に乗せていたと思いますね、骨格を揃えて。そういう身体の操作って型とかも全部そうですよ。パワーを使わない。

——いまは、西洋風な身体の使い方から考え方までちょっと毒されちゃってるんですかね？

菊野　物量主義というか。それに現代はパワー・スピード・スタミナというわかりやすいほうがビジネスになりますから。

——そのようですね。ただ、日本の武術の技だって理論的に説明できるんですよね？

菊野　僕が言うのもおこがましいですが、できると思います。例えば、人って手の平をこするように素早く触ると把握反射が起きるんです。そういったものを使って技をかけたり、技を盛り込んだりとかをやっているんです。

——合気道や山城先生が使う、相手を握った手が離せないっていう技は、そういう反射を利用しているんですか？

菊野　まさにそれです。例えば、僕が山城先生の腕を握った時に、山城先生は自分の腕を掴んでいないと立っていられない状態を作るんですよ。そうされると僕は先生の腕を掴み続けることしかできなくなるんです、無意識にハタから見たらなんで手を離さないんだって思うけど離せないんですよ、自分の身体を安定させるためには。要は、人は自分の座標を維持しようとするんです。座標が崩れることを無意識に嫌がるから勝手に手を握っちゃうんで離せないんです。

――無意識なんですね。

菊野　人は無意識でバランスを取るんです。一番わかりやすいのが片手を水平の位置に上げることですね（**図2**）。普通に考えて上げた手の側のほうに重心が移ってそっちに身体は

図2

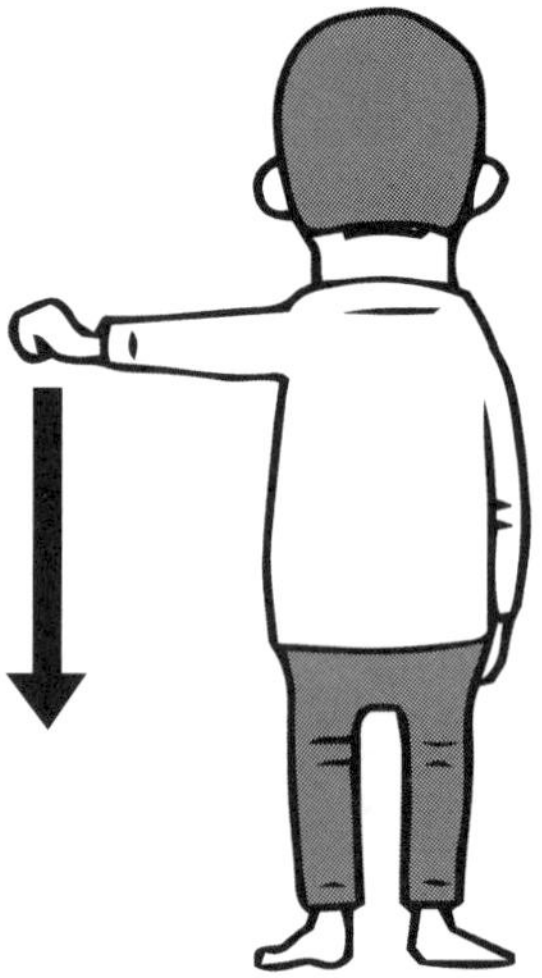
左手を肩まで上げたら、重心は左側に寄るはずだが、バランスを保っていられるのは、右側に重心を無意識に寄せているため。

傾くはずじゃないですか。だけど、傾かないですよね。それは手を上げる前にちょっとだけ反対側に重心を寄せているからです。だから釣り合って安定していられるんです。お辞儀もそうですね。そのまま前に頭を倒したら前に倒れるはずですよ。でも、無意識に僕らはお尻を後ろ側に突き出しているんです、自分の身体を安定させるために。

——だから、壁際でお辞儀するとお尻が壁にぶつかってつんのめるんですね（笑）。

菊野　そうです、そうです。無意識に重心の位置を安定させているんです。で、これはパンチを打つ時も一緒で一般的な打ち方では全身の重心が揃わないんですよ。パンチを前に出してる分、身体は後ろにいってバランス取ってるわけですから。だから、パワーで打つとパンチが軽いんです。ところが、僕たちの空手では自分の重心をまとめた状態にして身体を弾ませず、たわませず、ボウリングの玉が転がるように重さを伝えるんです。だから、パンチが重たいんです。

——でも、そういう動きをしてると、パンチを外された時に身体が泳いじゃうんじゃないんですか？

菊野　沖縄拳法空手の手打ちのように見える突きでも重心は移動しているんで、つんのめることはないです。ただ、ババババっていう連打はやっぱり重心は乗りません。でも、本来、戦いって連打みたいな状況は起きないんですよ。せいぜい2、3発パンチを打つぐらいでそのあとは組み合いになってしまうんです。

――そうですね。実戦では組み合いになった瞬間、それこそ釣り合いの技を使って投げればいいんですもんね。最後になりますが、いまの話を聞いていて、武術の技術って、戦い以外にも使えそうな気がしたんですが、どうですか？

菊野　山城先生はそういうところもこれからやっていきたいと言っています。弱い人とか身体の不自由な人が健康でいられるような技術を空手の型の中から抽出したいと言っておられますね。だって、動きやすい姿勢を作るだけでも凄いじゃないですか。首、腰、肩、すべてに負担をかけない状態を作るんです。

――それは誰にとっても必要な技術ですね。

菊野　先人の知恵の結晶ですし、いま武術は明らかに正当な評価を受けていないと思うので、素晴らしいよっていうのを示したいですね。

――わかりました。ありがとうございました！

無意識に気づく

さて、以上が編集者が行った菊野選手のインタビューとなります。

ここで注目してほしいのは、菊野選手が聞き手に行った、手の平の感触を利用してバランスを崩す技です。あの技の原理はまさに菊野選手が説明してくれたとおりのものでとても興味深いものですが、あそこで注目してほしいのは、聞き手の言葉にあった「バランスを崩されていることが全然わかりませんでした」の部分です。

私は「はじめに」のところで、「あなたの身体はあなたの自由にならない」と書きましたが、まさに聞き手が「前に動かされていることを認識できない」のはその証明と言っていいでしょう。

私たちの身体は自分の意思とは関係なしに勝手に反応してしまうのです。

もしも、あなたがそれを自分でも実感したいというのであれば、夜中の墓地を歩くことです。

私たちは真夜中の墓地を歩くとついつい恐怖心が湧《わ》き上がって鳥肌が立ってしまいます。これは誰もが経験することです。

しかし、これは本来変な話なのです。もしも、あなたの身体があなたの自由自在に動くというのであれば、勝手に鳥肌が立つのはおかしいですし、仮に勝手に鳥肌が立ったとしても、気づいた時点で、すぐに鳥肌をしずめればいいはずです。しかし、それを私たちはなかなかできません。

これが無意識の反応であり、自分で自分の身体を自由にできないということです。

しかし、それは別に悲観することではありません。

というのも、無意識や反射を意識して使うことで、菊野選手は自分の仕事である格闘技の試合に勝っているからです。

自分で自分の身体を自由にできないということは、それを理解した瞬間に、自由に身体を扱えるようになる、ということでもあるのです。

つまり、私たちはあまりにも無意識に反応したり、行動したり、判断したりしていた、と気づくことがまずは重要なのです。

無意識とは意識していない感覚のことですから、意識した瞬間にそれはもう無意識ではなくなります。

意識に上げてしまえば、コントロール可能になりますから、変えていくことができるのです。

つまり、武術を学ぶというのはとても逆説的なことなのです。人間の無意識を利用して技を仕掛けるということは、人間の無意識をとことん理解することでもあるからです。

では、人間の無意識が理解できたら、具体的にどんなことができるのでしょうか？

とても簡単な例を挙げれば、プレゼンテーションなんかがそうです。人の注目を集める方法は武術でいえば、誘いの技術なんかが使えるでしょう。

もっと単純に、いきなり目を惹《ひ》きたいと思うなら、「実はこのプレゼンは武術の技を応用しました」と言うだけでもいいでしょう。それを聞いた瞬間、誰もが「えっ?」と思うはずです。

まさに、この瞬間に、相手に与えたい情報をのせれば、プレゼンは成功するはずです。ちなみに、「えっ?」となった瞬間の人の意識は変性意識状態という特別な意識状態に陥っています。催眠術ではこの瞬間に暗示を入れますし、気功では治療を施すのです。

私が前作で、催眠、気功、古武術の3つをテーマにしたのは、変性意識という共通点があったからです。

とはいえ、いま言ったプレゼンテーションの例はあまりにも下世話で、私が本当に武術の技を応用してほしいのは、自分自身の変革です。

「はじめに」でも書いたとおり、人は誰しも「なりたい自分」というものを持っています。理想の自分です。そこに一歩でも近づくために、自分の無意識に気づいて、そこになりたい自分の意識状態をクセになるまで染み込ませることが大切になってきます。

それは「はじめに」でも書いた集中力を高める方法でも使えます。

集中力がないと思っている人が集中力を高める努力をする必要はまったくありません。集中力がない人は、集中力がないのではなく、集中の対象がすぐに別のモノに移ってしまうからだ、とお話ししたはずです。

これは言葉を変えれば、無意識のうちにフォーカスする対象が変わってしまっていることを意味します。

ならば、この無意識に気づくことがまずは集中力を維持することにつながっていくのです。

ただし、私は集中力が維持できないことを悲観するのは根本的に間違っていると思っています。

集中力が維持できないような対象であれば、さっさと別の対象に移っていいのです。

私は、常々、好きなこと以外はする必要はないと言っています。好きなことをすることが最も高い生産性をはじき出すことでもありますし、創造性を発揮することもできるからです。世の中には我慢してイヤなことを続けるのもいいことだという言説もありますが、それはまるっきりウソです。これを言う人は自分は我慢せず、他人に我慢を強要する人です。

本当に生産性を高めたいのであれば、イヤなことをさせるはずがありません。

なぜなら、イヤなことをしている人は生産性を下げ、創造性を壊してしまうからで、それは、いわゆるお役所仕事を見ればわかるでしょう。

ともかく、無意識に気づくことは、なりたい自分になるための第一歩なのです。

武術は相手の無意識を研究し尽くしていますから、武術を学ぶことはそのまま、自分の無意識に気づくことに直結するのです。

「心と身体はひとつ」の意味

それでは、これから菊野選手と私の対談を読んでもらいましょう。

前のインタビューでも触れていましたが、菊野選手は日本の総合格闘技のチャンピオンであり、ＵＦＣというアメリカの総合格闘技団体でも活躍した超一流選手です。

その菊野選手が強さを追い求める部分で悩んでいた時に教えをこうたのが沖縄拳法空手の六代目師範、山城美智師範でした。

そして、山城師範が本格的に指導に当たるようになると、菊野選手は見違えるような強さを発揮し、試合でも連戦連勝するようになるのです。

菊野選手の常勝の秘密は身体の使い方でした。西洋的なものではなく、日本的、東洋的な人間の骨格や反射、意識や無意識といったものまで利用して戦う武術の技に、プロの菊野選手が初めて出会って感動したというわけです。

では、その身体操作の秘密とはなんでしょうか？

それが心と身体はひとつ、ということです。

心と身体はひとつ、というのはわかったようでわからない、なんとも摑みどころのない、言葉です。

事実、それを試合の中で体現しているはずの菊野選手ですら、概念化はできていなかったようなのです。

もっとも、頭で理解しただけで体現できていなければ、絵に描いた餅《もち》ですから、体現できているほうがはるかに優れています。

そして、体現できているということは無意識の中に染み込ませることができているということでもあります。

つまり、彼が動くということは心が動くことであり、彼の身体が動くということは心も動いていることなのです。

ですから、私は対談の中で改めて、「心と身体はひとつ」というのを言葉で定義しようとしました。

菊野選手は見事に理解してくれたようです。

ちなみに、菊野選手はよく「自分は頭が悪くて」という言葉を発しますが、もちろん、そんなことはありません。偏差値云々《うんぬん》を語ることを私は好みませんが、わかりやすい指標なので出しましょう。彼は鹿児島の鶴丸高校の出身で偏差値は72です。

その彼が、心と身体を使って表現しているのが、彼の格闘技なのです。

その彼が、いかにすれば、自らの潜在能力を発揮させることができるのか？　いかにすれば、より良い人生を生きることができるのかを考えて選択したのが沖縄拳法空手という武術だったのです。

武術によって人は変わる、武術によって人生は変わるというのを体現してみせているのが菊野克紀という人間なのです。

武術家・菊野克紀選手VS認知科学者・苫米地英人

苫米地博士の武術ルーツ

菊野　先日はありがとうございました！

苫米地　楽しかったね、俺も久しぶりに格闘技談義ができてよかったよ（笑）。

菊野　はい。意外だったのが、苫米地先生って武術もされるんですね。

苫米地　実家が武家だったから自然に覚えちゃった感じだよね（笑）。親戚《しんせき》に武術家もたくさんいてね、世に名前が出ているところでいうとウチの爺ちゃんの苫米地英俊は講道館の理事で死んだ時は柔道葬もしてもらってるんだよ。

菊野　柔道葬ですか。

苫米地　政治家だったし、いまの自民党を作った一人だから影響力があったんだと思うよ。ただ、そういう人が理事っていうと名誉黒帯みたいな感じするでしょ（笑）。

菊野　ああ、はい（苦笑）。

苫米地　でも、ウチの爺ちゃんは違うから。帯は八段だったしさ。嘉納治五郎先生の私塾だった嘉納塾っていうのがあって、そこの塾頭として教えていたし、爺ちゃんのロシア人の弟子がロシアに帰って作ったのがサンボ（柔道に似たロシアの格闘技）だしね。だから、この前、サンボの父ってことでウラジオストクに爺ちゃんの銅像が建ったんだよ（笑）。

中央が苫米地博士の祖父・苫米地英俊氏、左が“ロシア柔道の父”ワシリー・オシェプコフ氏、右が嘉納治五郎先生

菊野　へえ〜、サンボの創設にも関わっていたんですか。

苫米地　そう。あと覚えているのが、俺の父親が子供の頃に『姿三四郎』って映画を一緒に見に行った時だよ。爺ちゃん、途中でボロボロ泣いてるから「どうしたの？」って父親が聞いたら「主演の俳優が若い頃の西郷（四郎＝姿三四郎のモデルとなった柔道家）先生にそっくりだ」って言って泣いてたんだそうだよね（笑）。考えてみれば空気投げの三船（久蔵）十段は同時期だったわけでしょ。凄い時代に講道館にいたんだなっていまになって思うよね。

菊野　いやあ、最高の時代だったんでしょうね。その頃の技ってどんなだったのか、知りたいですね。

苫米地　たぶん、いま菊野くんが山城先生から習っているのと同じような技だと思うよ、原理は。だって、あの頃の柔道って柔術だし、それはイコール武術でしょ。

菊野　そうですね。柔道と空手の違いはありますけど、いわゆる武術ですよね。僕はいまそれを山城先生から学んでいますね。

苫米地　YouTubeの動画でも一目瞭然《いちもくりょうぜん》だけど、あんな間合いの取り方ができる人がいまでもいるんだって驚いたよ（笑）。

菊野　山城先生はホント凄いです。でも、この前、苫米地先生の技を見せてもらったじゃないですか？　なんか、山城先生の技と感じが似てるんですよ。

ROTORWING
ROTORWING
ROTORWING

「びっくりするくらい型どおりに
やるのが一番強くなるんです」

苫米地　ホントに？　それは光栄だよ（笑）。結局、同じ武術だから、原理はそれほど変わらないんだろうね。要は人間って身体の作りや反射なんて一緒だからさ、身体の大小とか、反射の遅い速いはあったとしても。

菊野　僕がいま学んでいるのは沖縄拳法空手ですけど、昔の人が作ったものって凄いですよね。僕がこれまで学んできたものとは深さがまったく違います。身体の使い方や身体に対する知識も全然違いますし、人間の骨がどうなってて、筋肉がどうなってて、筋がどうなってててって全部知り尽くした上で人間の反射がどうなってるのかを考えているわけじゃないですか。術にしても「人間はこうしたら、こうする、そこでこうしたら、こうなる」っていうところまでやってます。変な話、あまりに深くて、いまの僕らから見たら魔法に見えるような技なんですよ（笑）。

苫米地　合気道の塩田剛三《しおだごうぞう》先生なんかはロバート・ケネディのボディガード相手にそれをやってアメリカ人たちを驚かしてたよね（笑）。

菊野　いまの僕らの常識で考えたらなかなか理解できないことをやってますよね（笑）。突きもそうですし、投げもそうですけど、みんな力とスピード、スタミナに頼らないんです。そんなものはいまのスポーツでは考えられないです。

苫米地　俺、思うんだけど、それが可能になったのって昔の武士がヒマだったからだと思うんだよね（笑）。

菊野　ヒマだったから……ですか（苦笑）。

苫米地　だって、武術の技が一番進んだのって江戸時代でしょ。でも、江戸時代って平和な時代で、武士は朝から晩まで武術ばっかりやってればよかったんだよね。それってヒマってことでしょ（笑）。

菊野　はい……でも、それを先生が言っていいんですか、ご実家は武家なんですよね？（苦笑）

苫米地　いいよ、だって事実だもん（笑）。あとさ、みんな結構誤解してるのが武士って血のつながりってどうでもいいんだよね。ともかく優秀なヤツをどんどん養子にとっていってそれで技をつないでいったのね。

菊野　血筋じゃないんですか？

苫米地　血筋じゃない。武家って基本は養子だから。才能のある弟子を自分の子供にしたり、娘と結婚させたわけでしょ。逆に才能のない実子は町人に養子に出されちゃうこともあるしね（笑）。そういうのが２００年以上も続いたら、それは研ぎ澄まされるでしょ。

菊野　才能のある人に奥義を伝えていったんですね。

苫米地　伝えただけじゃなく、一日中、武術のことを考えさせたし、練習もさせたんだよ。そしたら、凄くなるのは当たり前だって。ということは武術が生まれるためには江戸時代のように、朝から晩まで刀を振っていられるヒマ人が必要だったんだわ。日本の武術が凄くなったのは才能のあるヒマ人がいっぱいいたから（笑）。

菊野　そうなんですか（苦笑）。

苫米地　そうなんだよ。だから、俺は菊野くんがいまどんな練習してるのか凄く興味があるのね。やっぱり型？

菊野　はい。型です。びっくりするくらい型どおりやるのが一番強くなるんです。僕はいま、それを痛感していて、例えば、パンチを強く打とうと思って「こうかな？」「それともこうかな？」って勝手に試行錯誤してるとある程度のところで頭打ちが来てしまうんです。でも、型どおりに、本当に丁寧に丁寧に型どおりにやっていくと一番威力が出るんですよ、結局。だから、やっぱりまずはフォーム。そして脱力。いらんものを全部削《そ》ぎ落としていくんです。ちょっとでも力が入ったりすると、そこが力の通り道をふさいじゃうんで正しいフォーム＝力の通り道ができたところにちゃんと力が抜けていればストーンって重心がいくっていう。正しいフォームをやると自分の重心がちゃんと揃って相手に伝わるんですね。

苫米地　それわかるよ。実は俺、空手って結構詳しいんだよ。というのもアメリカの海兵隊員から習っていたんだよ、中学生の時に。当時、俺、アメリカに留学してて夏の間はミリタリーアカデミーってところに行ってたのね。ミリタリーアカデミーってウェストポイントの陸軍士官学校に行くための中高一貫制みたいな学校で、トランプ大統領も行ってたんだよね（笑）。そういうポジション上さ、授業は1時間目乗馬、2時間目ライフル、3時間目ピストル、4時間目レスリングみたいな感じで、そこで正規の授業じゃないんだけど、現役の海兵隊員がやってきて、沖縄の空手を教えてくれたのね。海兵隊員って沖縄帰りが多いから。

菊野　沖縄の空手を知ってたんですか⁉

苫米地　うん。あのさ、沖縄の人って気前がいいよね、全部教えちゃうんだね、外国人に。型だけじゃなくて、サイとか棒とかも教えてもらったよ、その海兵隊員に（笑）。

菊野　ええ！　サイと棒って僕らもいま習ってます。あれをやるとまた技が違ってくるんです。

苫米地　あっ、そうなんだ。結構大事な技術でしょ。沖縄の人って気前良すぎだよね（笑）。で、面白かったのは海兵隊が教えた空手と俺が知ってる空手と違ったのね？　実は、その頃、俺、極真の道場にも通っていたんだよ。ニューヨークのホワイトプレーンズに極真の道場ができてたから入門したんだよ、大山茂先生のところ。

菊野　うわぁ。『空手バカ一代』の世界じゃないですか（笑）。

苫米地　そうそう。でさ、どっちがいいとか、悪いとかじゃなくて、極真と沖縄空手は違う。極真はやっぱりケンカ空手（笑）。だってさ、日本に帰国してから池袋の本部道場にも通ってたけど、本部の前に門番みたいな弟子が金属バットにタオル巻いて立ってるの。あれさ、道場破りが来たら入る前にボコボコにするためらしいんだよね（笑）。

菊野　タオル巻くってことはギリギリ殺さないってことでしょうね（苦笑）。

苫米地　殺さないけど殴る気は満々だってことだよね（笑）。だから、「ケンカ空手だな」って思ったけど。山城カラテは違うんでしょ？（笑）

菊野　違います、違います。山城先生は優しいです。

苫米地　だから、沖縄空手って武術的な感じっていうイメージはずっとあったんだよ。あと、極真の大山（倍達《ますたつ》）総裁はもともとボクシングをやってた人らしいからね。だから、空手の動きにも影響あるのかもしれないよね、力も強かったから。

〝速さ〟でなく〝早さ〟の仕掛け

菊野　山城先生の空手はさっき言ったようにパワー、スピード、スタミナは使いません。例えば、スピードは絶対的な速さじゃなくて、相手にとって速いスピード、相対的なスピードを上げようとします。そのためには〝速く〟動くんじゃなくて、〝早め〟に仕掛けるんだっておっしゃってます。〝速さ〟じゃなくて〝早さ〟だって。

苫米地　いいこと言うね。それは一番大事だよね。その〝早い〟世界って自分の筋肉のコントロールだけじゃなくて、相手の筋肉のコントロールも入ってるんじゃないかな。

菊野　相手の筋肉のコントロールですか？

苫米地　だって、相手の筋肉をコントロールするから〝早く〟なるわけでしょ。要は、反射神経を鍛えるんじゃないってこと。なぜなら、反射神経って正確じゃないし、そもそも遅いから。

菊野　ああ！

苫米地　そうでしょ。だって、反射神経って例えば、熱いモノを触った時に「熱ッ！」ってなって、瞬間的に手がパッと外側に開くでしょ。あれが反射の速度で、なぜ手が外側に開くのかっていうと、人間の身体はもともと外側に開くようになってるから。いつもはそれを神経が抑制して広がらないようにしてて、反射はその抑制を外す指令を出してるだけなのね。だから、たまに手が開きすぎて壁にガンって手が当たって「痛ッ！」ってなるわけだ（笑）。

菊野　なるほど。

苫米地　だから、反射って速いかもしれないけど、限界があるわけ。実際、人間の反射の速度は速くても0・1秒ぐらいでしょ。でもさ、中国の卓球選手の打球は初速180キロなんだよ。それを3メートルもない距離で打ち返すってことは0・1秒よりも遥《はる》かに速く反応してるのね。つまり、人間って反射速度よりも速く動けるってことのこれは証明になってるわけだ。事実、脳の中では反射よりも速く動くための回路がいっぱい見つかってるしね。例えば、目からの情報って普通は視覚野を通すんだけど、視覚野を通さない回路もあって、目では見てるのに脳では知覚していない状態で反応するってことができてるわけね。

菊野　そうだったんですか。

苫米地　ということは、武術家も反射速度よりも速く動くことを求められるし、しなきゃいけないわけね。だって、刀の切っ先のスピードって中国の卓球のスピードより速いから。で、この時、大切になってくるのが抑制を外す反射運動に頼るんじゃなくて、身体をコントロールして動かないとダメってこと。

菊野　そんな動きができるんですか？

苫米地　それはできるよ。中国人の卓球選手だってやってるんだから。で、その時に重要になってくるのがさっき言った〝速さ〟じゃなくて〝早さ〟なんだよ。

菊野　えっ、そうなんですか⁉

苫米地　相手がどんなに速く動こうがこっちがコントロールしてれば余裕でしょ。コントロールするっていうのは速いだけじゃなくて、「熱ッ！」ってなった時にゆっくり手を上げたほうがいい場合もあるってことね。それは全部、相手と自分の関係で決まってくるから。それがさっき菊野くんが言った話の一番重要なところだと俺は思ったよ。つまり、型の動きの中に相手の動きを制する動きが全部ワンセットで入っているってことでしょ。

菊野　そうですね。例えば、僕が試合中に考えていることを凄く簡単に言うと相手にバレないような動きをするってことです。どんなにこっちが速く動いても「来る」ってバレたらよけられちゃうし、耐えられちゃうんですよ。そっぽ向いてるところをポンと打つから倒れるんです。だから、いかに相手に気づかれずに攻撃するかを僕は考えています。

苫米地　いま菊野くんはバレない動きって言ったよね。でも、菊野くんの身体はすでにバラさない動きに変わってきてると思うね。で、実はその差はでかくて、それをいま菊野くんはつかみかけているところじゃないのかな。

菊野　バレない動き、バラさない動き……。それはどういうことですか？　バラさない動きっていうのは意識しなくても自然に動けるってことですか？

苫米地　簡単に言うとそうだよね。だけど、いま菊野くんの疑問はバレない動きとバラさない動きの何が違うの？　ってことでしょ（笑）。

菊野　はい（苦笑）。

苫米地　それは前提が違うわけ。菊野くんの場合は格闘技の試合のことを想定して話しているよね。でも、武術っていつどこで誰に襲われるかわからないって前提なんだよ。つまり、相手が一人で武器を持っていないっていう大前提で考えていいのが試合。スポーツの世界ね。だけど、武術っていうのは必ず相手の人数がわからないんだよ。後ろからくるかもしれないし。少なくとも最初から一対一って絶対にありえないんだよ。刺客が一人で来るわけがないんだから。ということは、必ず一対多が大前提で、そのうちの何人かは見知らぬ武器を持ってることも大前提。ということは自分が相手にバレないように動くってムリでしょ。だって、相手が先にバレないように動いているんだから（笑）。ということは意識できるわけないの、見えない人や知らない武器を。

菊野　ああ、確かに。

無意識の世界は無意識に任せる

苫米地　じゃあ、どうすればいいの？　って言ったら無意識の世界は無意識に任せればいいのね。

菊野　無意識の世界は無意識に任せる？

苫米地　そこで菊野くんはまた「なんだ、それ？」と思うわけだ（笑）。

菊野　いえいえいえ（苦笑）。

苫米地　無意識の世界を無意識に任せるのは簡単で、それが型を何度もやるってことなのね。だいたいさ、型をやってなんで強くなるの？

菊野　身体の使い方がわかるからですよね。

苫米地　でもさ、型って武術家だったらみんな知ってるよ。例えば、俺の実家の流派名って絶対に明かしちゃいけないの。なぜなら、流派名を聞けば、それで動きが相手にわかっちゃうから。ということは型の研究ってされてるわけね、昔から。研究っていっても、いまの人たちが勝手な解釈を加えるようなものとは違うからね。かなり正確に理解されている。それにさっき菊野くんは沖縄拳法空手は身体の使い方が違うって言ってたよね。それはもちろんそうなんだけど、なぜ、「全然違う」と思うかというと、現代人に伝わってないから。現代人がいまになって知るから新鮮なだけであって、昔はそれが普通の身体の使い方だったはずだよ。ということは型を何度もやって型を覚えるってことは、逆に弱くなるってことでもあるわけだ。だって、相手の知ってる動きを身につけたってことなんだから。

菊野　あっ！　そう言われてみればそうですね。

苫米地　じゃあ、型はやらないほうがいいのかって言ったらそんなことはなくて、だからこそ徹底的にやらないといけないわけ、徹底的にね。つまり、型を使う時には一切、型の動きが出ないぐらいまでやるのが型なわけ。実際、菊野くんが試合をする時、型の動きを使う？

菊野　いえ、型どおりというのはありません。

苫米地　でしょ。じゃあ、型を徹底的にやるってなあにっていうと、それが心と身体は同じだってことを体感的に理解するまでやるってことね。といっても、それが入り口なんだけど（笑）。それがわかると自然に〝早く〟動けるようになるの。

菊野　はい。なんとなくわかる感じがします。

苫米地　だから、菊野くんはわかり始めてるって言ってるわけね。さっき菊野くんは山城先生から魔法みたいな技を教わったって言ってたけど、あれは当然技術ではあるんだけど、心の話でもあるわけ。同時に身体の話でもある。人間の心と身体はひとつなんだよ。だけど、多くの人は心と身体は別。脳外科医が扱うのは脳で、心理学者が扱うのは心みたいな、そんな分け方をしてるわけでしょ。これを武術の世界で言えば、菊野くんが普通の男の子とケンカしたら100%勝ちますよって言ったらみんな納得するわけだけど、名人のお爺さんがヤクザとケンカして100%勝ちますよって言っても誰も信じないっていう世界ね。結局、多くの人はこの世の中を物理的な世界だとしか見ていないわけ。

この世界はすべて情報空間

菊野　はい……う〜ん、でも、物理的な世界じゃなければなんなんですか?

苫米地　情報的な世界でしょ。だって、菊野くんはさっき相手にバレないように動くって言ってたけど、それって相手に、菊野くんが正面から突っ込んでくるって世界を見せてるってことでしょ。だから、バレないわけで、菊野くんは相手の頭の中で思い浮かべている映像と、現実を変えているわけだ。だから、勝つんだよ。相手に「俺が勝った」という絵を見せておくから、現実はこっちが勝ってるの。

菊野　はい。そうですね。

苫米地　要はこれが認知科学ってことなんだけど、例えば、真夜中の墓地を歩くのって怖いでしょ？

菊野　はい、怖いです（苦笑）。

苫米地　でも、なぜ、怖いの？　幽霊なんか、この世にいないよ。幽霊を見た人いる？　まあ、たまにいるけど（笑）、じゃあ、捕まえた人いる？

菊野　いや、いません（苦笑）。

苫米地　いないよね。なのに、なぜ、怖がるの？　なぜ、呼吸が早くなったり、鳥肌が立ったりするの？　それって心の世界つまり情報的な世界が物理空間に物凄く影響を与えてるってことでしょ。というか、「真夜中の墓地って怖いな」って思った瞬間、その真夜中の墓地は情報空間そのものに変わっているよね。じゃなきゃ、心臓の鼓動が早くなったり、鳥肌が立つ理由がないでしょ（笑）。つまり、どの空間に臨場感を持つか次第で変わるわけ。そして、俺たちが物理空間だと思ってる空間ってしばしば情報空間に変わっちゃうの。なぜなら、俺たちは物理空間を情報空間として捉えているからだよ。現実ってそういうことなの。じゃなければ誰もお金なんか欲しがらないって。なぜ、あんな紙切れが欲しいの？　あの紙に情報が載ってるからでしょ。買い物とはその情報のやり取りでしょ。つまり、この世はすべて情報空間なんだよ。ということは、心と身体だって同じで一緒のものなの。

菊野　はい！　凄くよくわかりました（笑）。

苫米地　それが武術なのね。だからこそ、俺はこの本を作ろうと思ったわけね。実は武術って物理空間と情報空間のすべてを使って戦っているわけ。それがわかってくると、反射速度を超えるってことは実は反射よりも遅いことだっていう意味合いも理解できるようになるし、反射とは全然違う次元で起きてる動きが反射を超えた動きだってこともわかってくる。実際、菊野くんが戦う時って、心向けの技と身体向けの技を全部使ってるでしょ。

菊野　はい。使ってます。

苫米地　それはいま心向け、身体向けって言葉のレベルでわざわざ分けてるけど、相手にとってはひとつの動き、ひとつの結果だからね。

菊野　そうですね。

苫米地　分けることはないんだよ。説明の原理で分けるだけであって、動きはひとつの型の動きだからさ。その中に全部が入っているんだよ。その中で人に見せない型も出てくるってこと。身体の動きとして見せない型も武術にはいっぱいあるわけだ。でも、それは言葉で伝達できないし。だから、それを菊野くんはいまひとつずつ山城先生から学んでいるわけでしょ。でも、それはやっぱり先人が作り上げた型なんだよ。心も身体の動きさえも入っていない型なんだよ。それが全部入って武術なんだよ。

菊野　う～ん、やっぱり武術は奥が深いですね（笑）。

苫米地　面白いんだよね、だから（笑）。

菊野　はい！　今日はほんとうにいいお話をありがとうございました！　ますます武術にのめり込みそうです。

苫米地　良かった。ところで、菊野くんはこれから何か計画してることとかあるんじゃない？

菊野　はい、あります。僕の人生を振り返ってみると、もともとは強くなりたくて柔道を始め、強くなりたくてプロの格闘家を志しました。それは僕の中にあった劣等感を克服するためのモチベーションだったような気がしています。あれから20年、自分の中のいろんな劣等感をクリアして、困難に立ち向かっていく勇気と、すべてを受け入れる感謝、この二つを武道・格闘技から学びました。まさに武道・格闘技に育ててもらったと思って、いま納得している自分がいます。ですからこれから先はまた新たなモチベーションが必要だし、新たな武道・格闘技との向き合い方をしていくことになると思います。

そういう中で、いま感じているのが、「子供を痛みや危険から過剰に遠ざける時代だからこそ武道・格闘技が果たす役割は大きいんじゃないか」ということです。その役割をどういう形にすればいいのかはまだ模索しているところですが、ひとつの形にしたのが、昨年（2018年）11月11日に僕の地元、鹿児島の鹿児島アリーナで主催した格闘道イベント『敬天愛人《けいてんあいじん》』です。

苫米地　俺も見に行った大会だ。面白かったね（笑）。

菊野　ありがとうございます！　あの大会は「親が子供に見せたい格闘道」というコンセプトで、子供から壮年、実力者からパラの試合までさまざまなテーマのワンマッチを組んで、僕も出場した異種格闘技の体重無差別8人ワンデートーナメントも行いました。この大会には僕の想《おも》いを全部込めました。その流れを紡いで社会に貢献できたら嬉《うれ》しいですね。ですから、これからは武道を通じた社会貢献を実現させるために行動し、いろんな勉強もしていきたいと思っています。

苫米地　うん、それは凄くいいことだよね。菊野くんみたいなトップ選手が表に出て、社会貢献するのは理想的。俺も応援するよ（笑）。

菊野　ありがとうございます！

心と身体はひとつ

私が菊野選手との対談で言いたかったのは読んでいただいたとおり、心と身体はひとつということです。

心と身体は同じもので、それを１００％自分で制御できる人を生み出すことができるのが武術です。

できれば、そういう技を20、30代の若い人たちが使えるようになってほしいと私は思っています。

もっと言うなら、子供たちにも教えたいと思います。

ただし、武術は相手の身体に攻撃を加えるものですから、注意は必要です。頭部には攻撃を加えない、といった制限や、基本的には試合はやらせないといった配慮は必要だとは思います。

ですから、子供、あるいは壮年以上の方が武術をやる場合には型を学ぶだけで十分です。

それだけで、まともな人が育つと私は思います。ここでいうまともな人とは、ちゃんと戦いを避けることができる人ということです。そういう人であるから、いざとなったら圧倒的な強さを発揮できるのです。これは人が戦わなくなっていくための大前提です。

たぶん、多くの人が勘違いしていることのひとつに、武術家は戦うものだと思っていることがあります。

しかし、武家の私から言わせれば、武術家とは戦わない人たちなのです。戦うのは相手が攻撃してくるからであって、武術家は本来、戦う必要がない人たちです。なぜなら、武術家の基本は主君のボディガードだからです。

ボディガードが自ら戦ったらボディガードになりません。それは主君のそばを離れることを意味しますから。また、一旦刀を抜いたら相手を殺さなければいけません。それがボディガードの使命だからです。

例えば、『忠臣蔵』で有名な江戸城松之大廊下の事件ですが、あれで赤穂藩《あこう》がお家断絶になったのは赤穂の殿様が刀を抜いたからではありません。刀を抜いたのに、相手を殺せなかったからです。だから、お家まで断絶させられたのです。

ところが、多くの小説なんかでは、刀を抜いたのが理由とされてしまっており、読者もそう思い込んでしまっています。

それは武家を理解していない人たちの誤解で、江戸城であっても刀は抜いていいのです。なぜなら、あそこに集まる武士は全員将軍のボディガードという位置づけのためです。

問題なのは敵を倒せないことであり、赤穂の殿様は吉良の殿様を敵とみなして斬《き》ろうとしたのに斬り殺せなかった。それが大問題なのです。また、あの時に吉良の殿様を斬り殺していれば、言葉は悪いですが、死人に口なしで理由はいくらでも言えたでしょう。実際、松之大廊下の刃傷事件はいまだにはっきりした理由はわかっていません。

もちろん、あの刃傷事件はボディガード同士のいさかいですから、刀を抜いたほうに罰はくだされます。しかし、敵を斬り殺していたのであれば、最悪でも赤穂の殿様の切腹までで御家断絶にまではなっていません。

それが武家の考え方なのです。

その証拠に、赤穂浪士たちが吉良邸に討ち入りしたあと、お家断絶となったのは吉良家でした。逆に浅野家はお家再興を果たしています。それは、主君が打ち漏らした敵を家臣たちが代わって斬り殺したからです。それを当時の武家は評価したから赤穂の浅野家は再興され、吉良家は断絶したのです。

つまり、武家とはどこまでいってもボディガードが本分であり、自ら戦いたい気持ちや自己顕示欲のようなものは邪念といって戒めていました。武士が禅をやっていたのは、そのためです。

だからこそ、武士の家の宗教は禅宗の曹洞宗か、臨済宗なのです。宗教が禅宗でない、武家はないのです。もし、武士を名乗っていながら、実家が禅宗でなかったのなら、それは真っ赤な偽物です。ただし、天台宗だけは別です。天台宗の場合は元が公家だった人が臣籍降下した人たちだからです。

ともかく、本来の武士とは、武術とは、そういうものなのです。圧倒的な力を持っていながら、それを戒めることができる。それが武士なのです。少なくとも武士が思う、理想の武士なのです。

ならば、武術のエッセンスをこれから学ぼうという私たちも、それを目指すべきではないでしょうか？

具体的に何を目指すのかというと、戦いのない平和な社会です。弱者に優しい、強者が弱者をガードする、住みやすい世界です。もっとはっきり言えば、戦争のない社会です。

実は、武術を学ぶということの根本には、この平和を希求する心があると私は思っているのです。

少なくとも265年間の平和な時代を築きあげた江戸時代に、武術の技術は最も進んだのです。私は菊野選手との対談の最初に武士が武術を発達させたのはヒマだったからと言ったはずです。ヒマとは平和ということです。

平和の中だからこそ、より戦いを避けるための工夫が凝らされていったのです。

しかし、その一方で武術は人殺しの技術であることは間違いありません。武術を学ぶとは、この人殺しの技術と真正面から向き合うことでもあるのです。

目の前の人間が死に、自分も死ぬ可能性が常にある世界に身を置く人間は、戦いを徹底的に毛嫌いするようになります。

ただ平和がいい、平和は素晴らしいというのは簡単です。

しかし、戦争とは人殺しなのだ、戦いとは人殺しなのだ、という本当のことを理解し、それを徹底的に毛嫌いするために武術を突き詰めるというのは、私は現代の日本人にはとても必要なことだと感じています。

そして、それは空手でいえば、型を学ぶことで可能になるのです。

それは菊野くんがしっかり語ってくれたはずです。

「型を学ぶと本当に強くなるんです」と。

もう一度言います。武術とは戦いを避けるための技術であり、実はこれが武術の究極の奥義です。

事実、そういう技が武術の中にはたくさん入っています。いかに相手の打ち気を砕くかといったところが勘所で、それは同時に、自分が相手に打ち気を持たせないように振る舞うことでもあります。

武術とは上手になればなるほど、強くなればなるほど、戦いを避けるものなのです。

つまり、これが世界平和への道なのです。

心と身体は一緒というのは、これを言っているのです。

強さと戦わないが同時にある世界が心と身体は一緒ということであり、武術の真髄なのです。

そして、これが実現できれば、当然、自分を変えることなど簡単にできるわけです。

なぜ、私が武術にこだわるのかは、こういったところからわかってもらえるのではないかと思います。

さて、次の章では菊野選手の師匠である山城師範にご登場願います。

第1章同様、まずは山城師範が沖縄拳法空手の技をどのように位置づけ、どういう思いで武術の真髄を公開しているのかを確認してください。

第2章

武術の真髄

苫米地博士から編集部への指令②

今回、沖縄拳法空手の師範山城先生にインタビューするにあたって、苫米地博士からの指令は、二つでした。

まず一つ目は山城先生の技を受けてきなさい、というものです。それは山城先生へのインタビューを終えたあとにレポートしていますので確認してください。いまここで言えることは凄《すご》い技だったということです。合気道の達人がよく見せる空気投げのような技は本当にあったんだ、ということです。

そして二つ目は、山城先生が何を目的として技の公開をしているのか、という点です。

苫米地博士もよく言いますが、武術家は技を公開するものじゃない、といわれています。それは別に出し惜しみで言っているわけではなく、技術を公開すれば、自分の負け、昔であれば死に直結することだから公開しないという意味です。

ところが、山城先生は、当たり前のように技を公開し、しかもできるだけわかりやすい言葉で、一切の出し惜しみなく、技の解説をしてくれるのです。

その理由はどこにあるのか？

こういったことがわかると、「現代における武術の存在意義が見えてくるはずだし、もしかしたら、武術の技が劇的に人を変えることのヒントにつながるかもしれないよ」と博士は言うのです。

ともかく、格闘技界でも超有名な山城先生へのインタビューをお聞きください！

沖縄拳法空手道・沖拳会六代目師範・山城美智インタビュー

聞き手・中村カタブツ君

●山城美智《やましろよしとも》

沖縄拳法空手道・沖拳会六代目師範。

五代目師範である父・山城辰夫の手ほどきで３歳から沖縄拳法空手道を学ぶ。第三回、第四回「全沖縄防具付組手空手道選手権大会」で優勝。父、辰夫の師匠である宮里寛先生より、沖縄拳法の指導を受け、沖縄古来の「手《てぃ》」を継承する。現在は、沖縄空手のエッセンスを抽出し、フルコンタクト空手、伝統派空手、総合格闘技などのトップクラスの選手たちを指導、大会においても数多くの結果を出している。また、各種スポーツ選手や老若男女の身体と心の回復、向上、再生を目指した「Tee Body Work」も主催。

内部表現を一瞬で書き換える

――今日はありがとうございます！

山城　よろしくお願いします。ただ、今日はどんな話をすればいいんですか？

――いや、情けない話なんですが、実は僕もまだよくわかっていないんです（苦笑）。そもそも、この本は認知科学者で脱洗脳でも有名な苫米地英人博士の本なんです。ちなみに、苫米地博士ってご存じですか？

山城　知ってますよ。たぶん10年ぐらい前に洗脳関係の本を読んでいます。「面白いことを考える方だな」って思ってました（笑）。

――その苫米地博士は実家が元武家なのでかなり武術に詳しいんです。で、武術の技には無意識を操作する技がいっぱいあるっていうんですね。

山城　ああ、わかります、わかります、へぇ、面白いことをおっしゃる人ですね（笑）。

――やっぱりわかりますか。でも、僕らは全然わからないんですよ（苦笑）。博士はよく「内部表現の一瞬の書き換え」っていうんですけど。要は人の認識や認知なんてあやふやで、書き換えることなんて簡単なんだってことなんですね。だから、ダイエットにはリンゴがいいとかテレビで言うと、翌日スーパーのリンゴが売り切れるって現象が起きるわけじゃないですか。

山城　そうですね。

――それってメディアを使った情報操作なので、こういうことは僕らも理解できるんですよ。でも、「内部表現の書き換えは一瞬で終わる。武術だと刀と刀が合わさった瞬間に書き換える」っていうんですね。

山城　はい、はい、はい（笑）。

――ああ、わかるようですね。でも、僕らは本当にわからなくて（苦笑）。ただ、それって例えば、苫米地博士の脱洗脳の技術の核心のようなものに近づくヒントを感じるんですよね。しかも、「人間ってこんなこともできるんだ、面白い、凄い」ってことにも通じるような気がしてるんです。

山城　わかりました、それを探る旅に協力してほしいってことですね（笑）。

――はい！　ご明察のとおりです！　何とぞ、お知恵をお貸しください！　で、早速ですけど、山城先生って合気道の空気投げみたいな不思議な技をなさるじゃないですか？　あれってどういう原理なんですか？

山城　明日、僕の空手のセミナーがあるんで、そこに来てもらえば実際に体験できますので、詳しくはその時にお話ししますけど、体験してもみんな不思議に感じるらしいんですね（笑）。

――いやあ、そういうのをぜひ体験したいんです。ですから、詳しくは明日お聞きしますが、いま説明していただけることってありますか？

山城　もちろん、ちゃんと原理がありますから。それをやれば誰でもできることだと思うんです。それじゃあ、ちょっと向かい合って座りましょうか。

手の仕組みというのがあって、手の内側を使うか、外側を使うかで反射の仕方が全然違うんですよ。手の外側の反射というのが例えば、手の甲同士を合わせてグッと押し込んでください。この皮膚の感覚が変わらなかったら、人は自分が変化してるって感づかないんですよ。そういったことを利用しています。

——握った手が離せなくなる技ってそういう反射を利用しているんですか？

山城　それは生まれながらの反射に把握反射ってあるんですけど、赤ちゃんの手を握るじゃ

山城先生に技をかけられ、手を離したくても離せない菊野選手

ないですか。握らせた手を握らせ続けるのは簡単で、握らせ続ける方向に指の角度を変えていけばいいんです。だから、ただ、反射を起こさせているだけなんですよ。そこに自分の重心を乗せてリードしてあげると、手が離せない人をグルグル回すことができます（前ページの**写真**）。

——苫米地博士の洗脳の本にハンドシェイク・インダクションというのがあるんですね。握手の瞬間に、ちょんと相手の手の平に触れると硬直が起きるという。

山城　わかります、身体の動きが止まっちゃうんですね。ああいうのも手の平を完全に弾いてしまうと相手は別のことを始めるんですよ。「なんか避けられた、じゃあ、次のことをしよう」って。でも、本当に微妙に接点を維持してほんのちょっと触るぐらいにしておくと、この動作を終わらせきれないんですよ。切り替えができなくて、脳はその動作しかできないんです。その時に方向をこっちでつけてあげると、ほかの動きをやっても気づかないんです。

——じゃあ、ハンドシェイクにしても手が離せない技にしても、あれは自分が勝手にバランスを崩しているってことですか？

山城　そうですし、手が離せない技に関してはもうひとつ反射だけじゃなくて、重さのバランスもあるんですよ。あの手が離れない状態って僕の重さと相手の重さのバランスが取れているんです、ちょうどヤジロベエのように。ああなったら、ちょんと触るだけでクルーっと簡単に動きますよね。これが１００キロだろうが、１０００トンだろうがバランスが揃えば簡単に動くんですよ。この重さが揃った状態を作れば、自分が動いた分、相手は勝手に動いてくれるんです。筋力じゃなくて、自分の動く重さで相手を動かしているんです。

――なんとなくわかりました。でも、僕の目的はともかく誘導されたいんですよ（笑）。手が離れないとかっていうのを味わいたいんです。だから、予備知識を入れないほうがよかったかなっていま思ったんですよ。

山城　いや、いいですよ。それでかからなかったら、それはそれでいいじゃないですか（笑）。

――え〜っ⁉　僕はかけてほしいんですけど（苦笑）。やっぱり、こういう技があるんだって実感したいんですけどぉ。

山城　そうですよね。でも、中にはかからない人もいるんですよ（苦笑）。だから、そういう時には「ごめんなさい。また研究してきますので、次にはできるようにしてきます」って僕は言いますから。

――先生、凄い立派です。立派ですけど、技がかからないと本が成立しないんですが（苦笑）。

山城　アハハ、ですよね（苦笑）。でも、大丈夫です。技はたくさんありますから、何ひとつかからないってことはありません。

――良かったです！　それにしても山城先生ってちょっと変わってらっしゃいますよね。普通の先生は「技がかからなくても、それはそれでいいじゃないですか」とは言いませんよ、あと「ごめんなさい」も（笑）。

山城　いや、だって、僕まだ42歳の若輩者ですよ（苦笑）。これで完成だと思っていないですし、もっと成長したいですよ。そのために、僕は全国でセミナーを開いてるところもあるんです。多くは沖縄拳法空手を教えてほしい、ということでセミナーを開いてますけど、みんながみんなそうじゃないですから。中には、沖縄拳法空手がどの程度なのか、試してみて、ダメだったら挑戦しようか、みたいな人もいますから。

――でしょうね。挑戦しないまでも「大したことなかった」ってツイートするみたいなことはあるでしょうし。

山城　ですよね。でも、そういう人たちにちゃんと技をかけられるようになるのが僕の修行です。周りにイエスマンばかり集めていると、僕の成長は止まっちゃうし、僕の成長が止まると、弟子たちの成長も止まってしまうので、これはずっとやっていきたいなって思ってるんです。

――なんか、ちょっといい話じゃないですか（笑）。

山城　そうなんです、実は僕、いい人なんです（笑）。

――ワハハハ！　ホント、初対面で言うのも申し訳ないですが、面白い方ですね。

山城　よく言われます（笑）。

バランスを崩す技術

――わかりました。ともかく、技については明日、実際に受けさせていただきますけど、山城先生の空手を見てると、空手に対するイメージが凄く変わるんですよ。空手って突くものであり、蹴《け》るもので、要は打撃ですよね。でも、山城先生は投げも教えますし、その投げも独特じゃないですか。空手の概念を超えているんです。

山城　僕がやってきたのは昔の空手で、いまの空手と違ってて、なんというか、なんでもできないと勝てないんですよ。そのなんでもできる中に、変わった技もちょっとあるぐらいですね。2割ぐらい。それがベースになっているんで、例えば、突きひとつにしても重いハンマーでドスンと殴ればそれは痛いですよね。だけど、そのハンマーなら避《よ》ければいいじゃないですか。本当に重要なのは、ハンマーのほうではなくて、いかにして気づかずにそれを当てるか、なんですよ。大砲だっていまから弾を撃ちますよっていって弾を込め始めたら逃げますよね。だけど、遠くからわからないうちにライフルで狙撃《そげき》したらちっちゃい弾でも人を殺せちゃうわけじゃないですか。そういう気づかせないという技術のほうがもっと重要なんです。

――相手に攻撃を気づかせない技術があるんですか？

山城　それが崩しの技術です。ほんのちょっとバランスを崩しただけで、人間はそっちに気持ちがいっちゃうんです。さっきの苫米地博士の握手の技もそうで、ちょんと手の平に触っただけで、そこに気持ちが止まっちゃうんです。止めることができれば、ほかの技を当てることができるじゃないですか。

——それって最初に言った「内部表現の書き換え」ってことですかね？

山城　断言はできませんけど、武術の中にあるというのであれば、そういうものを指して言ってると思いますね。それは言葉の場合もそうですよね。相手に対してアプローチする言葉を選んで、ほかに意識を持っていくようにすると、相手はスキだらけになっちゃうんですよ。

——そうか。武術って武術として使えるだけじゃないんですね。そのまま、実生活にも使えるんですね（笑）。

山城　人生も戦いですからね。

——ですよね。先生はこの本の企画にぴったりで良かったです（笑）。ところで、山城先生はお父さんから空手を習ったんですよね？

山城　そうですね。親父《おやじ》と親父の先生からですね。

——一子相伝のような感じですね。何歳ぐらいからやられていたんですか？

山城　3歳ですね。見取りから始めて、立ち方だけで3、4年やって。それから型を覚えて。

——なんか独特の修行ってあるんですか？

山城　物凄い筋トレみたいなものはないんですけど、練習の内容自体がよくできてるんです。僕なんか空手の世界大会で優勝したわけでもないですし、スポーツ空手で結果出してるわけでもないし、普通の元サラリーマンなんですよ（笑）。いまは専業でやってますけど、普通に生きてきてるのに、いま教えているのはプロ格闘家もいるし、スポーツ空手のトップの選手もいるし、幅広く教えられるんですよね。それはいままで習ってきたことを出してるだけなんです。システム自体がよくできているので。

――でも、大会にも２回ぐらい優勝してるじゃないですか？

山城　ちょこっと出てる、まあ、沖縄では強かったんですけど、ちっちゃい島ですからね（苦笑）。

――ちっちゃいといっても、空手の島ですけど（苦笑）。ともかく、親から受け継いできた空手の技術を普通に継承していってってことですか？

山城　ちょっと不思議な継承の仕方ですけど。

――不思議な継承？

山城　僕の空手の先生は父親なんですけど、僕が20代半ばぐらいの時に「沖縄拳法空手には奥義がある」と言い出したんですよ（笑）。

――おお、ワクワクしますね（笑）。

山城　そうなんですよ。「空手に奥義《おうぎ》なしと言われているけど、ちゃんとそういう技術はあるから、最後の仕上げはそれを、俺の先生に習っておいで」っていうことで、親父の先生である宮里先生のお宅にお伺いすることになったんです。当時、宮里先生は65歳ぐらいで、僕が24、25歳ぐらい？　ベンチプレスをバリバリにやってて180キロぐらいのウエイトを上げていた頃なんですね。毎日アスリートのようなトレーニングをしてて自分の空手に自信があったんです。だから、「いまさら、オジイサンの話を聞いてもなぁ」と思いながら、親父と一緒に挨拶《あいさつ》にいったんですよ。で、いろいろ話を聞いてたら、フトした瞬間に「お前、外に出ろ」と。「お前、俺の言うことを信じてないだろ？　やればわかるから、表に出ろ」って言われたんですね（苦笑）。

――それって、困りますよね、たぶん（苦笑）。

山城　ホント、そうなんですよ。「お年寄りだからな、ケガをさせちゃいけないしな、どうしよう？」とか思うじゃないですか。だけど、仕方ないから、外に出てって、「構えろ」って言うから構えたら2メートルぐらいの距離をひゅっと飛んできていきなり目の前に来たんですよ。で、そのまま投げ飛ばされて柱に叩《たた》きつけられて（苦笑）。

――え～～っ！

山城　その瞬間「あれ？」と思って。「まだだろ？　来い」って言うんで、今度は組み付いたらまったく動かないんですよ。身長160センチない先生なんですよ。それでまたポ～ンと投げ飛ばされて。で、今度は「ちょっと突くよ」って感じで「えっ」と思って避けようと思ったら避けられなくてパンっとふっ飛ばされて。

――ちょっと突くよ？

山城　つまり、「当てるから避けろよ」って言ってるわけですね。でも避けられなくてふっ飛ばされて（笑）。そのあともゴチャゴチャやられてケチョンケチョンですよ。

――いやぁ、凄いですね、そんな人が本当にいるんですね。本物の達人じゃないですか！（笑）

山城　本物ですよ（笑）。だから、僕、その場で土下座して「すいません、弟子にしてください」って言ったら、「俺はもう人に教える気はないんだけど」って言われて。で、親父は辰夫というんですけど、「辰夫の息子だっていうからもっと鍛えているかと思ったけどなあ」って言われて（苦笑）。

――お父さんの面目まで（苦笑）。

山城　本当にカッコ悪くて（苦笑）。でも、生まれて初めてですよ、心から土下座したの。

――いや、感動しますよね、そんな空手が実在したんだって（笑）。

山城　ホントそうで、それから毎日、車で3時間ぐらいかかる所に宮里先生は住んでいたんですけど、弟子入りのお願いに通って。それでもなかなか許可してくれなくて、2週間ぐらい通った時に、「わかった。それじゃあ、10年間、お前には負けないから10年習いに来い」と。それで10年間徹底的に教えてもらったんです。それで10年たって先生が75、76歳の時の年末にご挨拶に行ったんですよ。「先生、また来年もお願いします」って。そしたら、「ごめんな、俺はお前の先生じゃないんだよ、もう」って「なんでですか、先生は先生じゃないですか?」って言ったら「だって、俺はもうお前に勝てないもん。俺はお前よりも強いから教えていたんだよ」って。あれを聞いて感動して、「ああ、この空手を広めよう」と思ったんです。

——なんか、凄くいい話ですね。

山城 そのあとぐらいに最後の奥義の伝授があって。

奥義は劇的にシンプル

——えっ、まだ奥義があったんですか⁉

山城 やっぱり奥義って教えたら殺されるかもしれないんで、そう簡単には教えないんですよ、昔の人たちは。もしも自分に逆らってきたら終わりですから。だから、本当に信頼できないと教えられないというものだったんですよ。それを初めて習った時に衝撃を受けたのがいままで習ってきたことの集大成だったんです。いままで習ってきたことの、不思議な技も含めて、なぜこうなるかってことを教えてもらったんですよ。それまでもわかってたつもりだったんですよ、技術も全部。だけど、ホントにシンプルなことを習うだけで劇的に変わるわけです、技術が。

――劇的なんですか？

山城　そうなんですよ。それをやって、なるほど、これが昔の人たちが作り上げたものなんだなって感じて、やっと伝授されたものなんですよ。うちは代々師範は一人しかいないんです。道場がたくさんあるわけじゃないですし。それで僕も師範になれたんですね。親父と親父の先生と、これまでも一人ずつしかいなかったんですね。これで僕の仕事が始まったと思いましたね。

――まさに一子相伝ですね。

山城　まあ、マンガのような（笑）。

――そういう世界がまだあるっていいですね（笑）。本当にいいですね。

山城　ロマンがありますよね。

――ところで、宮里先生が2メートルの距離からいきなり目の前に来たっておっしゃってましたけど、それはどういう原理なんですか？

山城　認識の問題です。例えば、僕らが目の前の人を「動いている」って認識するのは手の動きとかを認識してるわけじゃなくて、肩からのアウトラインの崩れがあるかないかで、その人が動いたかどうかを判断してるんですね。これを利用して、最初アウトラインを大きくしておいてスーッと小さくすると人って近づいてくるように見えないんですよ。気づいた時には凄く近くにいるんで、物凄いスピードで入ってきたように見えるんです。実際はスピードが速いんじゃなくて僕の脳が認識してないだけなんです。

――じゃあ、お二人の戦いを横から見てる人がいたら、なんで前に入ってきてるのにわからないんだろう？　ってなるんですね。

山城　そうです。

――相対しないとわからないんですね。

山城　戦いって向かい合う人との関係のほうが重要なんです。武術の世界ではスピードって絶対速度があるかどうかでは決まらないんです、相対的なんです。

――凄いなぁ。そういうのを10年。一体、どんな奥義を教わったんですか？

山城　う～ん、それは（苦笑）。

――話せる範囲でいいのですが？

山城　まずは武器の使い方ですね。サイというフォークみたいな武器と棒があるんですけど、この二つの組手を物凄くたくさんやってました。結局、間合いのやり取りなんですよ。だって、武器を持っていれば、一瞬、触れてちょっと力を入れれば死ぬわけじゃないですか、人って。だから、そのちょっとの距離に入れればいいだけで、物凄い威力で叩きつける必要はないんですよ。そういう瞬間、瞬間の相手の心の隙間《すきま》、技術のスキを捉える練習をとことんやるといろんなやり取りができるわけですね。さっき言った不思議な技もそうなんです。相手が攻めたいという気持ちが起こらなければかからないわけですよ。ということは技をかけることが重要じゃなくて、「攻めたい」という気持ちをどうやって起こさせるかのほうが大事なんです。だから、よく技がかかりにくいって言うじゃないですか？　そうじゃないんです、その人はかかろうとしていない。つまり、僕と戦おうとしていないんです。だって、戦う必要性がないわけですからね、本来。だから、かからないんですよ。

――ああ、そういうことなんですね。

山城　でも、もしも、ですよ。相手がナイフを持っていて、聞き手の中村さんがその手を押さえていたらどうですか？　絶対に手を離されないようにしますよね？

――します。

山城　そこから技って決まるんですよ。重要なのは相手にどういう反射を起こさせるか、もっとわかりやすく言えば、どう恐怖心を与えることができるかで、それがない人には技はほぼかかるはずがないんですよ。かかったとしてもちょっと反射が起こる程度か、催眠術的な感じで錯覚を起こさせる、脳を錯誤させてやるしかないんです。不思議な技っていうのは例えば、目の周辺の視野とかを使ってごまかすんです。そのやり方っていろいろあるんですけど、そういうのって武器のやり取りで覚えられるんです。危機感のあるやり取りの中でスキがない、スキを作っちゃいけないっていう気持ちがスキにもなるから、そういうやり取りをすることが一番の稽古《けいこ》なんです。そうするとさっき言った不思議な技もそうだし、崩しも投げもなんでもそうですけど、原理は全部一緒なんですよ。それが覚えられるんです。だから、あの10年間で身につけたのはまさに間合いの稽古です。

相手の先《せん》を取る

――間合いというのは気持ちをどうこちらに向かせるとかも含めた間合いですか？

山城　そうですね。例えば、こうやって相手に対して、斜めに身体を向けると凄くリラックスするじゃないですか。話もしやすいし。だけど、正対すると凄くプレッシャーがかかりますよね。これもある意味、崩しなんですよ。相手にどうプレッシャーをかけるか、かけないか。眉間《みけん》の真ん中にカッと意識を集中すればそれだけで相手は左右どこに逃げていいかわからなくなっちゃうんです。そうやって逃げ場を作らせないと相手はもう後ろに下がるしかないんです。そうなったらこっちは前後に来る動きだけを対処すればいいですよね。そういう駆け引きが生まれてくるわけです。

――面白いですねぇ。聞いてると普通に対人関係の世界じゃないですか（笑）。

山城　そうです。人の原理を使っているわけですから（笑）。

――ちょっと武術から外れてしまうんですけど、催眠の世界で瞬間催眠というのがあるんです。要は相手に触れたりした瞬間に催眠状態にしてしまうというものですけど、そんなのと似てるところってあったりしますか？

山城　たぶん、そういう世界があるとすれば、特化してるんですよ。人とのくっついたやりとりに特化するとあると思うんです。全然普通にできることだと思うし。ただ、「そうならないぞ、その前に殺しちゃうぞ」っていうやり取りの中ではどっかでまた違うことをやらないといけないと思います。もっと会話で近づくとか。

――会話で近づく？　なんでも使うんですね（笑）。

山城　それが武術ですから（笑）。

――山城先生も催眠術的なものってできそうですね？

山城　勉強したことがないのでわかりません。ただ、例えば、セミナーもある瞬間の催眠が必要なんですよ。理解してもらわないといけないので、そのためには僕と同調してもらわないといけないと思うんです。僕は催眠の技術は知らないですけど、いいセミナーにして、いいものを持ち帰ってもらうための努力をしないといけないので。

――催眠用語で言うラポールですね、一体感を作るっていう。聞いてると、瞬間催眠の技術って武術の中でも自然に磨かれているんじゃないのかなと思うんですけど、どうですか？

山城　「まさにそうですね」と思う反面、じゃあ、格闘技のルールで殴り合いをしますよね。UFCのファイターたちが殴り合いますよね。どの瞬間で、「じゃあ、武術的な技がかけられるの？」っていうとほぼタイミングはないですよ。あまりにも速すぎるのと、あまりにも相手がそれでもいいからかかってくるので。だから、武術家っていう人たちが格闘技の試合に出て、格闘家にやられちゃうんですよ。武術家っていうのは条件設定の中で、ここまで持ち込めば自分の技がかかる。かかる感覚を与えれば、相手はかかりたくなってしまう感覚に近づくんでかかる。そういう世界で戦うので、条件設定が凄く重要なんです。

――じゃあ、いきなりかかって来られたヤバイこともあるんですか？

山城　そういうこともあります。ただ、そうならないようちゃんと準備をしていないといけないですね。その準備がない人がやられてしまうわけです。

――格闘技の場合はリングがあってレフェリーがいて、何時何分に用意ドンですよね。そういう瞬間って武術家でもフィジカルな戦いしかできなくなってしまうってことですか？

山城　そうなってしまわないように、その前の段階で相手を読んで戦略を練って、「じゃあ、相手はこういうことをするだろう」と予測して対処してます。だから、菊野選手はいま勝ってるわけです。相手の選手を読んでるから先《せん》を取れるわけです。結局、技をかけるって、この「相手の先を取れるか、どうか」なんです。

――スポーツの世界、格闘技の世界、ルールのある世界でもちゃんと先を取ることってできるんですね。

山城　戦略的なもので先を取るのか、フィジカルな面で先を取るのか、いろんなものがあると思うんですよ。いずれにせよ、相手より一歩先に行っていないと勝つことはないと思います。

――それは山城先生と菊野さんが話し合ったりするんですか？

山城　いえ、彼の戦いは僕がすべて作っています。

――ただ、山城先生って、ご自分でもおっしゃってましたけど、いわゆる試合ってそれほどしてないと思うんですね。それでもわかるものなんですか？

山城　だから、最初に言った沖縄拳法空手のシステムなんです。戦いってなんですかっていう答えを全部持っているんです。でなければ、僕が戦略だ、なんだって言っても見当違いなことを言ってしまうと思うんです。歴史的に積み重ねてきた戦いのエッセンスがあるので、それを出すから勝てるんです。

――山城先生はインターネットの記事で、「今回の菊野選手の戦術は何々です」みたいなことを書いてますよね。あれは戦略を全部書いているんですか？

山城　全部です。

――試合後とはいいえ、戦略を全部出してしまっていいんですか？

山城　出したほうがいいんですよ。そのイメージが残るので。それも戦略なんですよ。次の試合の前に相手はこれを絶対見るでしょ（笑）。

――あ、情報戦（笑）。

山城　そうですね。

――だから、出し惜しみする気がないんですね。

山城　ないです。そのほうが僕も成長するんですよ、新しいことを考えないといけないんで。さっきも言ったように重要なのは僕が成長することなんで（笑）。

――面白いですね（笑）。

山城　面白いことはやっています（笑）。

――凄いですね。……すいません、先生ってお若いじゃないですか。だから、「どうなんですか？」っていう気持ちがちょっとあったんですね。

山城　大丈夫です、皆さん、そう思って来られますので（苦笑）。

――いわゆるご老人であれば、わかりやすいんですけれども。だから、いろんなことで騙《だま》されますね（笑）。結局、僕らは勘違いや思い込みで生きてる部分ってあるんですよね、たぶん。

山城　そういうものだと僕は思っています。例えば、強い突きを打つためにはベンチプレスを150キロは持ち上げないといけないとかっていうのは常識的に見えるじゃないですか？　それは僕は思い込みだと思います。だから、僕はベンチプレスはもうやってないんですよ。だけど、いまでも僕は強くなっているんで、「ああ、思い込みで人は生きているんだな」と思いますね。習っていた僕でさえも。

空手は人が生きるのに使える技術

――実は、この本の読者として想定しているのは別に武術家ではなくて、普通のビジネスパーソン、サラリーマンの方なんですね。つまり、武術は仕事はもちろん自分の人生をより良くするためにも使えるんじゃないかと思っているんですね。生きること、生活すること、すべてのことに使える力じゃないかって気がするんですよ。で、先生の話を聞いていて、ますますその気持ちは強くなりました。だって、沖縄空手って戦略だから。要は心の使い方だと思うんですね。

山城　ですので、いきなりですけど、実生活で空手は使えますか？

使えます。いろんなものに使えます。むしろ、逆に人がより良く生きるために使える技術だと思います。

――例えば、ビジネスに空手って使えますよね？

山城　はい、使えます。例えば、セミナーでいうと、まず僕は一番強い人を相手にします。一番強い人を抑えきれれば、うまくいくので。普通は逆かもしれませんよね。自分がなんとかできそうな人からやろうとするわけじゃないですか。そうすると凄く時間がかかるし、結局、「俺には声をかけなかったな。あの人、本物じゃないな」ってなるんですよ。だから、まず、一番大変なところから教えていけばだいたいうまくいくと思うんですよ。

——つまり、仕事でも一番大変なところからいきますよ、ってことですね。

山城　そうです。それから終わらせればあとは全部楽なんで。

——時間はルーズなほうですか、ルーズじゃないですか。

山城　普通だと思います。

——集中力はあると思いますか？

山城　全然ないです。たぶん、僕は生まれつきなんですけど、ひとつのことに数十秒以上集中できないんですよ。でも、普通に仕事はできるし、空手を通してというか、いろんなものを経験することでやれていますね。ただ、基本的にはマルチタスクってできないですね。並行して順番に繰り返すことしかできません。

——いえ、それがマルチタスクだって苫米地博士も言っています。マルチタスクって実は順番があるって言ってました。どんなスーパーコンピュータも実は順番があるって。

山城　本当ですか、嬉しいな（笑）。結局、空手に戻るんですけど、人ってひとつのことしかできないんですよ。だから、ひとつのことにさえ、集中させてしまえば次のことはできないんですよ。さっきやったポンと軽く触れるのにしてもひとつのことに集中させただけなんですよ。しかも、刺激の閾値《しきいち》がどこまでかってことを考えますから。強い刺激を加えてしまうと、相手は次の動作に切り替えちゃうんで、それをさせないような弱い刺激を与える。そうすると、終わらないいんですよ、その動作が。逆にいうとそれって一番効率が悪いんです、ひとつのことに集中しすぎることが。僕の中ではそう思ったのですぐに切り替える努力だけして、本だったら10冊順番を決めて１分か、２分ごとに切り替えて読んでるんです。

――そんな読み方をしてるんですか？　実は苫米地博士も同時に５冊は読んでって言ってますね（苦笑）。

山城　マジですか（笑）。僕は全然頭は良くないですけど、やっぱり仕事に必要なことなので、効率を考えた時に自分を知らないといけなかったんですよ。自分は集中して動ける人間じゃないので、「じゃあ、集中しなければいいんだ」と思って、そういうやり方に切り替えたら結局、空手もまったく同じことで人間の脳みそってそういうふうに作られているんだなって思って。

――集中できる時間以上にやろうとするから、効率が悪くなるんですね。

山城　リフレッシュっていう考え方でいいと思うんですけど、ちょっと別のことをしたら、よしまたやろうってなるじゃないですか？　昔、英単語の暗記をして、ある時気づいたんですよ。同じことを何度書いても覚えないいんですよ。ところが、ひとつ書いて、ほかの単語を書いて、次にまた戻ったらすぐに覚えちゃうんです。

――三つぐらいを並行して覚える。

山城 そうです。なんでか、というと、人って何回多く出会うのかのほうが重要なんじゃないかと思ったんですね。一回で集中してどれだけってやるから入ってこない。

――記憶ってそうですもんね、何回出会うかですもんね。

山城 できるだけ一回で覚えようとか、入れようっていうのをやめて、切り替えて切り替えてってやると、あっという間に覚えられるんですよ。

――それも〝空手〟ですよね（笑）。

山城 〝空手〟です（笑）。

――空手凄いですね（笑）。その延長上に戦略もあるんですね。

山城 人間っていうのを理解できるようになるんですよね。こういったらこういうだろうとか、この人はきっといまこういう状態だろうなとか。相手をよく理解する力が高まるんですよね。理解する力が高まると次の行動が理解できるわけですよ。そこに何かをすればいいだけなんです。そうすると、もともと自分を理解するほうに空手って向かうんですよ。自分の身体の動きとか、心の変化とか、それを繰り返すことによって出てくるのが人の理解なんですよ。同じ人間なんだから同じような反射をするわけじゃないですか。それができるようになると、相手を理解するために自分を理解するってことがわかってくるんです。

——凄く、よくわかりました。身体の使い方の達人ですね。苫米地博士との対談も面白くなりそうです。よろしくお願いします。

山城　こちらこそ楽しみにしています（笑）。

沖縄拳法空手セミナー・リポート

都内の体育館を借りて行われた沖縄拳法空手セミナーには、空手の有段者から空手未経験者まで総勢七〇人以上が、沖縄空手の秘伝の技をその目で見、体験するべく、集結した。

最初は沖縄拳法空手（＝泊手）の基本の型であるナイハンチから開始。山城師範は型の説明を交えながら、技の威力や実戦にどうつながっていくのかなどを解説。もちろん、解説中には、編集陣が待ち望んでいた不思議な技も織り込まれ、参加者たちは皆、どよめきとも歓声ともつかない声を上げながら師範の一挙手一投足を見つめ、術理を吸収しようと真剣なまなざしを向ける。

山城師範もそんな参加者たちの熱さに応《こた》えるように「手の形はこうです」「もっと簡単に行う方法は両手を使ってください。両手を使うとホラ。簡単にできちゃうでしょ（笑）」「この技は赤ちゃんの頃に誰もが持っていた反射を利用しています。例えば、パラシュート反射という反射があって……」など技の原理を出し惜しみなく伝授。勘のいい参加者の中にはその場で不思議な技を会得する人まで登場！

参加者たちの熱気と興奮、好奇心と楽しさに満ちたセミナーであった。

下に落とす技

この「下に落とす技」は、胸に当てている相手の腕を取った瞬間、そのままベシャと下に落とす技になります。たぶん、連続写真を見ただけでは、この技の不可解さ、理不尽さは理解しにくいでしょう。しかし、やられてみた感覚としては、「何が起こったのか。よくわからない」なのです。

まず、❶番の写真の時のこちらの感覚は「はい。先生の胸に手を当てました」といった穏やかなものです。❷番目の写真では「あ、手を摑《つか》んできたな」と認識したところです。ところが、その次の瞬間、もう❸番目の写真のようにバランスを崩されて、❹番目の写真のように床に這《は》いつくばっているわけです。❷番目から❹番目までが異様に早くて、感覚が追いつけていません。つまり、まったく対処できていないので、「何が起きたのか、よくわからない」という感想なのです。

山城先生の説明によると❷番目の写真で先生の左手が相手の脇に触れています。その時、無意識は心臓に近い身体への刺激を優先させてしまったため、手先への意識がなくなって、先生の重心を乗せられたことが察知できず、身体を崩されてしまったようです。だから、こちらには不可思議な思いだけが残るのです。

手を摑みにいって回される技

通常、相手に手首を摑まれた場合、必死に振りほどこうとして腕を強めに動かします。しかし、よほどの力の差がない限り、摑んだ相手の腕を振りほどくことはできません。

ところが、❶番目の状態で、山城先生は囲み写真（サイの手）のような指の形を作り、両手を連動させて大きく円を描くように腕を上げると、❷番目の写真のように握っていた手はあっさり持ち上げられてしまいます。この時、握っていた手は手首のところでロックされ、すでに離すことができなくなっています。この後は、吊橋《つりばし》の原理（本文参照）によって重心を揃《そろ》えられてしまい、❸番目、❹番目の写真のように山城先生の周りをぐるぐる回されまくるだけなのです。

たぶん、握った手なんか離せばいいじゃないか、と思われる人もいるでしょう。しかし、一度〝橋がかかってしまう〟と手を離す前に足を前方に踏み出していまのバランスを維持するだけで精いっぱい。この「何やってるんだ、俺？」感は、ほかではなかなか味わえない貴重な感覚です。

《セミナー後のインタビュー》

――今日は凄い経験でした！　驚きました、実際にあったんですね、ああいう不思議な技が！（前ページの**写真**参照）

山城　先ほどの腕を取ってスポンって下に持っていくと自然にペタンって下に潰《つぶ》れちゃう技は力でやってもできないんですけど、技術的な原理を使えばできるってことをみんなに体験してもらうためにやっています。

――ただ、なんでペタンってなるのか、あまりにも瞬間的でよくわからなかったんですけど。

山城　実はその瞬間を普通でいう〝瞬間〟とは変えているんです。普通、瞬間ってすばやくパッとやるっていう意味ですけど、さっきやったのはいくつかの動作を断続的に一つ目が終わる前に二つ目が始まって、二つ目が終わる前に三つ目が始まってっていうふうにやっているんです。これを〝ながら〟といつも言うんですけど、そういうのを瞬間で終わらすと相手は認識できないんです。

――全部途中で終わらせる感覚ですか？

山城　途中が終わる前に次が始まっちゃう。

――だから誘導されちゃうんですね。

山城　そうです。実際にはひとつの動作を続けているわけじゃなくて次の動作につながる瞬間を見せていないだけです。

――はあ〜。う〜ん、たぶん、それを瞬間と僕らは言ってるというか、思わされているんですね。

山城　そうですね。切り替える瞬間を悟らせない。

――僕らが瞬間だと思えない瞬間を作られている、と。それはその次にやっていただいた、山城先生の手を摑《つか》みにいって、そのまま回されてしまう技も一緒ですか？

山城　そうです。普通は途切れを感じた時点で「次の動作に移っている」とわかるから、その時は人って身体を立て直すんですよ。崩れてるのも理由があるんです。そのほうが身体は安全だと思ってるから崩れるわけです。身体としては「なぜかわからないけど摑んでいる」んじゃなくて自分の安全を選んでいるだけなんですよね。

――う〜ん、でも本人の気持ちとしては「あれ、なんで手が離れないんだ」なんですよね（笑）。

山城　そこにはやっぱり摑んでいることに安全性を感じる本能があるんですよ。人って身体が崩れると本能が出るんですよ。例えば、赤ちゃんの頃の反射ってあるじゃないですか。うつ伏せで持ち上げると手をパタパタさせたり、足の裏を触ると足の指を開いたり。医学的にはこれは赤ちゃんの時に消える反応だって言われてるんですよ。ところが、僕が思うに、武術の世界では、自分の身体が危機的な時にこの反射が引き出されることを知ってるんです。

――そうなんですか⁉

山城　だから、危機が必要なんです。技がかからないっていうのは危機感がないからかからないんです。かかる必要性がないんです。

――ああ。そういうことか、実は僕はなかなか技がかからないんですね。取材だと特に、かからなきゃいけないとか思って、変に緊張してほとんどかからないんです。

山城　必要性です。例えば、人間は両足が乗る幅があれば歩けるじゃないですか？　でも、ビルの屋上の端っこにいったらなぜか歩けなくなるんですね。これが本能の反射なんです。普段できることができなくなっちゃうんです。武術の技で重要なのはそういう状況をどう作るか、です。

――崖《がけ》っぷちだとどう認識させるかってことですね。

山城　人間がもともと持っている反射や無意識を使っていますね。沖縄拳法空手が凄いなと思うのはそれが型として残されていることです。だから、型をやれば誰でも強くなります。でも、じゃあ、型が答えなのかというとそれは違います。本当は型をやって自分を見つめるから答えが出てくるんだと僕は思うんです。沖縄拳法空手の中には自分を見つめる手段が用意されているんです。そこから本当に自分が求めるものを手に入れてほしいと思います。それは自分の中にある答えなんで。

――自分にとっての正解？

山城　空手の中では型を含めた稽古《けいこ》の中で自分に問いかけをするのでそれが日常で一番生きると思うんですよね。現代に空手がある意味って、そういうことだと思っています。だから、いわゆる秘技といわれるもの、本当だったら隠しておかなければいけないようなものも全部見せているのはそのためです。

――なぜ、現代に空手があるのか、かぁ。

山城　そこを考えて広めていくことが僕の使命だと思っています。いまみたいな技が誰でも使えるようになって、不思議でもなんでもない世の中になってくれたほうがいいと思っているんです。そういう世界って、いまよりも疲れない、ケガをしない身体の使い方をみんなが身につけているってことですから、そうなることが僕は沖縄拳法空手の未来だと思っています。

――でも、そうなると沖縄拳法空手の独自性がなくなってしまうかもしれませんよ。ヘタしたら、存在そのものがなくなってしまうかもしれませんよ。それでもいいんですか？

山城　逆にそれは世界中に沖縄拳法空手が広まったということです。これって最高じゃないですか（笑）。僕はそうなるようにいま活動しているんです。

――わかりました。沖縄空手って本当にいいですね（笑）。

武術とは人間を理解すること

さて、以上が山城師範への取材の一部始終です。

私はこのインタビューを読んだだけですっかり山城師範のファンになってしまいました。

山城師範も語っているように、空手、武術の動きは人間を理解することから始まっています。

人間を理解することは、その人が何を考え、どう動くのか、ということです。これがわかれば、それに合わせてこちらは動くだけです。

もっと積極的に相手に仕掛けようと思うのであれば、先に「相手にはこう動いてほしい」というものを決めて、そうなるように働きかければいいのです。

例えば、相手の気持ちを引きつけるためにはどうすればいいですか？　という質問を私はよくされます。

わかりやすいところで言えば、職場にいる気になる異性の気を惹《ひ》きたい時にはどうすればいいですか？　どんなふうにアプローチしたらいいですか？　というわけです。

こういう時、私はいつも自分からアプローチをかけるのはやめなさいとアドバイスします。

なぜなら、職場は基本的に仕事をする場であり、恋愛感情を持ち込む場所ではないからです。

職場にいる人間はただの同僚であり、極端な言い方をすれば、お互いがお互いのための仕事の道具です。要は、パソコンやボールペンと同等で、恋愛感情の前に仕事ができることが大前提です。

では、仕事ができるようになることが一番なのかというと、それだけではいつまでたっても、その人の立場はパソコン＆ボールペンと同等のままです。せいぜいが、「ほかの道具よりは使いやすい、優秀な道具だ」といったところでしょう。

では、どうするのかといえば、自分からアプローチするのではなく、相手からアプローチさせるのです。

例えば、相手が釣りが趣味であればキーホルダーをルアーにしたり、小さいロッド型のモノにしてさりげなく相手の目に止まるようにするのです。

相手がそれに気づいたら、声をかけずにはいられないでしょう。

何しろ、周りの人間はその人にとってはパソコン、あるいはボールペンか何かと変わりません。そんな中で、あなただけが同じ趣味を持つ者同士つまり、人間として認識されるわけです。

これが他人の気を惹く方法であり、まぎれもなく、これは〝空手〟です。私の言い方をすれば〝武術〟です。

いかに自分の目指すところに相手を誘い込むか、そのための準備は、空手や試合といったひとつの競技や技術の中だけで埋もれさせておくだけではもったいないのです。

もちろん、これは初歩の初歩です。

空手の奥が深いように、武術の奥が深いように、人間関係の奥は深いのです。
人間の認知もそうです。
私たちは自分のことを知っているようでちっともわかっていません。
自分の身体を知っているつもりでもちっとも理解していません。
まずはそのことに気がついてほしいのです。
気がつけば、そこでスタート地点に立つことができます。
ゴールはどこなのか、といえば、それはなりたい自分です。
私たちはなりたい自分になるために生きています。
武術はそのためのテクニックとして生きてくるのです。
それでは、山城師範と私の対談を開始いたしましょう。

沖縄拳法空手道・沖拳会六代目・山城美智師範VS苫米地英人

沖縄拳法空手の弟子入り経緯

苫米地　今日はわざわざ事務所までありがとう。菊野くんからいろいろ聞いてるけど、山城先生に対しては凄《すご》く興味があるんですよ（笑）。

山城　それは嬉《うれ》しいです（笑）。

苫米地　だって、空手という分野でここまで強くなるって難しいと思う。やることいっぱいあるから、だいたい途中で諦《あきら》めちゃう（笑）。それをやり続けるのって生半可じゃないよなって思うんですよ。

山城　確かにやることがいっぱいありますね。型があって、武器もあって。

苫米地　そう、武器もある。俺、菊野くんにも話したけど、沖縄空手はアメリカ留学時代に海兵隊員から習ったんですよ。その時、棒とかサイも習ったんだけど、沖縄の棒はヤバい（笑）。

山城　あっ、よくご存じで（笑）。

苫米地　本土のヤリはその長さのままだけど、沖縄の棒はぐ～んと伸びてくる感覚。しかも伸びる速度が半端じゃない。武器はとにかく長さを見せないのが基本でしょ。でも、沖縄の棒は長さを見ていたはずなのに2倍ぐらいに伸びてくるんで、「怖ぇ」って思っちゃった（笑）。

山城　すいません、ちょっと騙《だま》しを使います（苦笑）。距離がバレたら終わっちゃうんで。僕は武器の稽古《けいこ》って先々代の宮里先生とやってたんですけど、宮里先生は棒は棒でも穂先の付いた棒を使ってました、つまり、刃がついてる本物のヤリですね。それと僕は先端を尖《とが》らせた本物のサイを持つんで、刺さらないように凄く努力しました（笑）。

苫米地　ワハハハ。実は、俺も子供の頃に刃の付いた小太刀の体験はある。詳しくは言えないけど（笑）。

山城　あ、そうなんですか！　嬉しいな、そういう方がいらっしゃったんですね、まだ。

苫米地　何人かいるよ、言わないだけで。でもさ、冷静に考えると、この平和な時代に何をやってるの？　って思わない？（笑）

山城　思います、凄く思います（苦笑）。日本の武術の場合は苫米地先生たちみたいに家として継ぐっていうのはありますよね。でも、沖縄は家で継ぐっていうのがないんですよ。先生から弟子にしかないので、ちょっと違うんでしょうね。モチベーション自体が。

苫米地　だから、逆に凄いんじゃない？　たぶん、好きでやってると思うんだよね。

山城　それはあるかもしれないです。やっぱり凄いものを見たからやりたくなっちゃうんでしょうね。僕の場合は20代の自信満々の頃に65歳の宮里先生にケチョンケチョンにやられて感激したのがあると思います。宮里先生も30歳ぐらいの時に60歳過ぎの中村茂先生って方に二度挑戦して２回とも負けてます。それで入門してるんです。そして、中村先生はもっと壮絶で、武士

「20代の自信満々の頃に65歳の
宮里先生にケチョンケチョンにやられて」

国吉という強い先生がいるって聞いて、仲間二人を連れて襲いに行ってるんですね。

苫米地　名人を倒して名を挙げようっていう（笑）。

山城　そうなんです。真夜中に寝ているところを襲おうっていう計画だったみたいですね。ただ、国吉先生の家についたら、何があるかわからないから、トイレに起きてきたところを襲おうってなったみたいですね。

苫米地　それ、相当な名人だね。三対一でもまだ警戒するんだ（笑）。

山城　凄い有名だったらしいんです、三対一でも倒したほうが誉《ほ》められるぐらい（笑）。それで、しばらく待ってたら、国吉先生がトイレに起きてきたんです。当時のトイレって、要は厠《かわや》で家の外にあったじゃないですか。だから、厠に入ったのを確認して後ろからヤリを投げたんです。で、厠ごとズドンって刺さったから「やった」と思って厠の扉を開いたら、国吉先生が後ろ手でヤリを持ってて、そのまま顔を一撃されて三人とも倒されたんです。人間の顔って目と鼻の間に動脈があって、そこまで突き潰《つぶ》すと死んじゃうんですね。国吉先生はそこを狙ったので二人は死んだんですけど、中村先生だけは眉間《みけん》を潰されずに、ちょっとズレたんで生き残ったんです。それで国吉先生に弟子入りしたんです。

苫米地　凄い話だね、圧倒的なものを見ちゃったわけだ、みんな（笑）。つまり、モチベーションは沖縄拳法空手そのものの魅力ってことだね。

山城　魅力ある空手です（笑）。だから、穂先の付いたヤリと尖ったサイの戦いができるんでしょうね（苦笑）。もちろん、一歩間違ったら刺さってしまうので危険なんですけど、それが面白いんです。それをしないと見えてこないものがあるので。

苫米地　竹刀《しない》だとバンバン打ち合えるけど、刃物を持つと簡単に入れないからね。

山城　そうなんです、刃物だと間合いの中に入れないですよね。行く手前に見えない壁がやっぱりあるんです、お互いの間合いのぶつかる場所があって。そこをクリアする練習をサイとヤリのやり取りで学ぶんです。面白いのはそれをやっていくとだんだん戦いはスピードじゃないことがわかってくるんです。なんて言えばいいんだろ？　認識する時に、そのもっと前を認識して、後ろも認識するんです。その先も全部読んでというか、あえて言葉にすると、時間に軸があって移動できるような感じですね。「あ、ここでやらないといけないんだな」っていう瞬間があって、それがわかってくる。それがわかってくると、僕の感覚が変わってくるんですね、ちょっとセンサーが開くっていうんですかね。

苫米地　気配がわかるようになるってこと？

山城　まさにそうです。センサーが開くと最初に起こるのが人の視線がわかるようになるんです。だから、「後ろで誰か見てる人がいる」と思って、パッと振り向くと、その人と目が合うんです（笑）。

苫米地　日本の武術家の歴史だとそれができるのが当たり前でできないとカッコ悪い。というか、死んじゃう（笑）。だから、江戸時代よく後ろから斬《き》られたら恥だって言われていたけど、あれは本当に恥なんだよね。

山城　そう思います。先ほどお話しした武士国吉先生がヤリを掴んだ話も、視認してヤリを掴むっていうのはまず無理ですよね。

苫米地　その話を聞いて思ったのは、その三人は名人にヤリを投げさせられたんじゃないかなってことだよね、正確にその場所に。その人の間合い、制圧圏って武術にはあるでしょ。そこに入った時に、そこに投げるようにしっかりとコントロールされたんだと思う。

山城　かもしれないですね。昔は僕も、あまりに突拍子もない話なので「またまた、そんなあ（苦笑）」って言ってたんですけど、自分が稽古していくと認識が変わってくるんですよ。考え方というか自分の存在自体が変わってきて、「あ、そういうこともできるんじゃないのかな」って思っちゃうんですよね。「それができるようになる世界なんだな」って理解できるようになってくるんです。

苫米地　だから、人間は認識が変わると思ってもいない潜在能力が発揮されるんだよね。別にそれは超能力とかそういうことじゃなくて、野生の動物だったら普通に持っているような能力。それが発揮されるというよりも、復活するっていうのかな、そういうことはあると思うよね。

だって、昔の人はそれができてたんだから。

山城　たぶん情報なんだと思うんですよ。音だったり、振動だったり、匂《にお》いだったりの情報を統合する力じゃないかと思います。ただ、それを「これだね」って答えをバシッて言えるようになるには訓練が必要なんですよ。だから、武器を使うっていうのはそのいい訓練になるんです。武器を使うって、自分の認識の拡大の一歩なんですよ。人は武器を持つと、その武器の先端を自分の手の先って認識するんです。それはもう科学的なデータも出てて、棒を動かしてる時の脳波は手先を動かしているのと変わらなくなってくるんです。ということは持ったものが自分の身体になるってことじゃないですか。その感覚を身につけると、技の応用が利くようになるんです。例えば、先日、この本の編集者さんに技をかけたんですけど、あれも武器の応用なんです。

武術は無意識にアクセスする

苫米地　彼は「本当に不思議な技がありました！　山城先生の手を掴んだら離せないんです」って感動してたよ。いまそこにいるけど（笑）。

——先日はありがとうございました！

山城　いえいえ、あれはサイの使い方を身につけると、より技の理解が進むんです。サイを扱っていると本当に指先が自由になるんですよ。回したり、返したりすることで。そうすると相手に触れるってことができるようになるんです。人って相手とぶつかると相手の身体を掴んだりしますよね。じゃなくて触れる状態を維持してると人は動いていないと錯覚しちゃうんですよ。だから、編集者さんが掴んだ手が離れなかったのは、僕が引っ張っていないからです。触り続けただけだからで決して僕の力じゃないんですよ。自分で掴んでいるだけなんです。

――でも、僕の感覚だと「手が離せない！」なんですよ。

苫米地 ふふふ。わかってないよね。離すかどうかはこっちが決めるんだよ。そっちに選択肢はないの（笑）。

山城 そうです！　さすがです、凄いなあ（笑）。

――僕は自分で離さなきゃと思って意識的に手を動かしてやっと離すことができたと思ってたんですけど。

山城 それも僕が最後に離していい状況まで持っていっているんです（苦笑）。

――あっ、そういうことだったんですか、いやぁ、自分で離せたとおごっていました（苦笑）。

苫米地 ワハハ！　大技はみんなそう。合気とかも大きな動きで投げたりするでしょ。あれは相手の協力があって初めてできるんだからさ。協力って言ってもインチキな話じゃなくて、いま山城先生が言ったように掴んでいるのは自分で掴んでるっていう意味での協力ね。で、それを俺はいつも、「寂しいからだよ」って言ってるの。わざわざ大技を受けるまで持ってなくていいのに投げられる最後までずっと持ってるっていうのは寂しいから（笑）。

山城　「寂しいから」（笑）。上手な表現ですね。僕はよく「不安なんですよ」って言いますね、離すことが。

苫米地　あ、そのほうがわかりやすい（笑）。

山城　ありがとうございます。僕がよく言うのは、みんな崖から落ちそうになると両手をグルグル回してバランスを取ろうとしますよね。あれって赤ちゃんの頃の反射なんですよ。それが危機になると出てくるんですよって。だから、技っていかに人間の危機的状況を作れるかが技なんですよ。それをやると相手はそこにしがみついて離れるのが怖いんですよ。でも、それは意識じゃなくて無意識のところで出てくるんです。赤ちゃんの頃のことなんで、意識なんてないわけですから。でも、それを出させれば僕にとっては全部技はかかるんです。敵意があろうがなかろうが関係ないですし、相手が準備をもって気をつけようとすれば、それなりのことをやればいいだけですから。

苫米地　だから、いまの話を聞いて思うのは、やっぱりすべての人類は無意識の世界で生きているってことだよね。意識というのはたまたまその時、いま気がついてるところを意識っていうわけでしょ。みんな全部は気がついてないわけだ。例えば、いま座ってるソファーって柔らかいでしょ？

山城　柔らかいです。

苫米地　でも、それって俺に言われるまで忘れてたでしょ？　それが無意識で、俺の言葉で意識に上げられたから「柔らかい」ってなったわけだよね。だけど、「このソファーって柔らかい」って意識が上がると、今度は別の何かが無意識に入っちゃうのね。そうやって、武術家は無意識を全部コントロールするわけ。相手に見せたいものだけ意識させて見せておくってこと。だから、相手は気がついたら床に転がってるわけね（笑）。

山城　僕はそれを逆に使うこともあります。泥酔して立てない人を反射とか無意識の部分にアクセスすることでパッと歩けるようにするんですよ。完全にグロッキーになってる人でも、ちょんちょんって手の内側を触って、ちょんちょんってちょっとスライドさせてあげて角度を変えてあげたりすると、パッと歩くんです。無意識にアクセスする技術があればできることなんです。

苫米地　達人だね、そして介抱上手だ（笑）。

山城　そうなんです、飲み会ではいつも介抱係なんです（苦笑）。

苫米地　ともかく、武術は無意識に一瞬でアクセスする。そこが催眠と違うところで、「あなたはだんだん眠くなる」とかやってたら、こっちが死んでる、そんなの（笑）。

山城　人って必ず、思い込みがあると思うんですよ。その思い込みを僕の思い込みに変えていくと技はかかりますね。

苫米地　武術はそれが基本だよね。まず、自分のコントロールから始まるんだから。山城先生はそれができてるから強いんだよね。相手の無意識だけコントロールするわけじゃなくて、自分の無意識も両方コントロールできてるから強い。武術は結局、どれだけ短い一瞬で自分の無意識までコントロールできるかの勝負だからね。

山城　まさしくそうですね。

苫米地　でも、そこまでいくにはさすがに型だけでは足りんと思う。実戦がいる。そりゃしょうがないよね、相手は人間なんだから。

山城　そうですね……いやぁ、それにしても、苫米地先生は武術をわかってる人しか言えないことをおっしゃいます。完全にやってる人じゃないと言えないことを。知識のレベルを超えてることをおっしゃってますね。僕のとはいろいろ方向性の違いはあると思うんですけど、わかっている人が言ってるなっていうふうにしか聞こえないです。

苫米地　ハハハ。武家の生まれだからね。

山城　いやぁ、「それを言うんだ」っていうことを何度かおっしゃってて驚きました（笑）。

苫米地　まあ、体験してるからね。物心ついた時から違うんだよね。でも、それは山城先生もそうでしょ。

山城　父が五代目の師範でしたから、それが運命なのかはわからないですけど、僕にとってはすべて準備されているんですよ。経験も何もかも、いまの僕がいるための準備が全部あって、いまこうやって苫米地先生の目の前にいるのも準備があったと感じてるし。僕は不思議なことはわからないですけど、自分の人生は自分で作ってるなって感じちゃうんですよ、前もって。何ひとつムダがなかったって。

苫米地　そうだよね、自分の選択って誰にとっても常にベストだからね。間違った選択なんてこの世にはないからね（笑）。ところで、俺から山城先生にいくつか質問していい？

山城　もちろんです。

非日常をつくる型

苫米地　編集者にかけてくれた技の勘所、最も重要な部分ってどこにあるの？

山城　う～ん、技術的なことで考えると、解剖学的にとか、生理学的にとか、物理的にって話をするんですけど、最も重要なことって、なんて言えばいいんだろう……自分自身が技術にならなければいけないんですよ。表現の仕方というか、脳の中での自分の認識を変えないと本当に技術にならないんです。投げるにしても、相手を捕まえてこうやって重心が移動して身体が反射するからポンって投げようって思うんですよ、最初は。実際それが通じるんですけど、瞬間的にするにはどうすればいいかっていうと自分が投げられればいいんです。自分の身体をイメージの中で投げていれば相手は飛んでいくんですよ。

苫米地　ああ、俺は逆（笑）。相手が飛んでいくイメージを作れば相手は必ず飛んでいくね。で、こういうことを言うと、「なんでイメージするだけで飛んでいくんですか」って聞かれるんだよね（笑）。

山城　ああ、はい（苦笑）。

苫米地　でも、これって説明のしようがないんだよ。なぜなら、科学が武術に追いついてないから。そうすると、「いや、柔道の投げ技はテコの原理で説明できます」とか言う人がいるんだけど、その説明って明治以降、武術を素人や外国人に説明しないといけない状況になったから、当時の人が無理やり作った理屈なんだよ。それに、テコの原理って常識的に考えても変だってわかるよ。だって、身体って柔らかいよ、どこに支点があるの？　って話でしょ。あとそれに、ちゃんとした人が投げる時は柔道だろうが、なんだろうが、相手の身体と自分の身体は触れてないんだからさ。場合によっては手さえ触れずに投げられるわけだ。でしょ？

山城　はい、まさにそうです。

苫米地　もちろん重心の移動はあるよ。でも、支点ってなんですか？　テコの原理ってなんですか？　で、だいたいよく飛んでいくのは自分で飛んでいくんだからさ（笑）。だから、手加減って難しいし、それをどうやって教えるかも極めて難しい。

山城　ですから、空手には型というのがあって、そこの中にとりあえず流し込んで形を作っておいてから、それを動かして自由な形にしましょうっていう流れがないといけないんですよ。

苫米地　型は重要だよね。その動きの中に起承転結全部が入ってる。空手の型で言えば、戦い始める前のことから入っているわけでしょ。だから、空手の型の動きって攻撃のようで攻撃じゃないし、守りのようで最初から攻撃を呼び込んでいるし。

山城　おっしゃるとおりです。

苫米地　全部入って起承転結だから。そこでさらに研《と》ぎ澄《す》まされたやつがいま残っているわけでしょ。それは空手特有で、ほかの武術はそこまで型はちゃんとできていないんだよね。

山城　僕、なぜ空手にそういう型ができたのかなって思った時に、日常的な動きの延長上に武術はないからだと思ったんですよ、戦いは日常の延長上には絶対に存在しないので。

苫米地　うん、確かにそうだよね。

山城　ということは非日常をどれだけ作れるかが勝負になってくると思うんです。じゃあ、非日常をどうやって作るかというと、人が認識している世界を利用するしかないんです。例えば、この世界、目の前の世界の中には動くものと動かないものがあって、その変化が僕たちの注意を喚起するわけじゃないですか。具体的に言えば、人間ってアウトラインしか見ていないんです、身体の。そのアウトラインの崩れで動いたって判断するのが日常です。

苫米地　スポーツ的な考え方はその崩れをいかに早く察知するか、なんだよね。

山城　そうです。でも、それをやってたら反射神経の勝負になるだけなので、沖縄拳法空手ではアウトライン以外のところを先に動かしていって、肩なんかが崩れた頃には身体は動かし終えている、っていう状態を作るんです。

苫米地　向こうが動いたって察知した時には突きが当たってるってわけだ（笑）。

山城　そのとおりです（笑）。それが非日常です。頭の高さを変えない動きとか、滑るような動きだってそうなんですよ。で、これは踊りの世界もそうだと思うんですけど、幽玄さが出てくるような踊りっていうのはやっぱり普通ではしない動きをしているんですよ。するとそこに不可思議さとか、美しさとかが出てくる。武術で言えば、反応できないとか、いつの間にかいる、っていうのが含まれてて、それは型の中の鍛錬《たんれん》で作り上げていくものなんですね。それができてくるとほんのちょっとした動きが、相手のちょっと先を取っちゃうんです。そういうのが型の中にありますね。

苫米地　いわゆるスピードじゃないってことだよね。

山城　空手で早いっていうのは準備の意味の〝先《せん》〟だと思っています。〝先〟っていくつかあるんですけど、僕は準備してる段階で早い。相手が何か来るだろうっていうのを読んだ上でやります。相手が何かやるだろうという前にやります。かなり前に勝負を仕掛けるんです。でも、そこにはスピードという概念はないんですよ。準備の早さなんですね、全部。どれだけ先に対策を取ってるかで話が決まってくるので、それが僕は戦いだと思っているんです。で、いま言ったのは戦略だけの話ではなくて、突きひとつにしてもそうなんです。「こんな打ち方で効くの？」っていう打ち方を沖縄拳法空手ではするんですけど、実は突く前の段階でいろんな仕掛けがあって、その突きに威力が乗ってるとはわからないようにしてるんです。相手は「こんな威力のなさそうな突き」って思うから余計に効くんですよ。もうひとつ、相手に動きを悟られないのもそうですね。例えば手先からあえて動くんです。身体から動いて手が動くとバレちゃうんで手から動く。そうするとわかりづらいんですね。戦いではこれらを当然のようにしないといけないんで、それを型で無意識に仕込んでいってますね。

苫米地　相手が凄いスピードで攻撃してきた時はどうするの？

山城　それもスピードでは対抗しないですね。沖縄拳法空手では時間は短縮するやり方と引き延ばすやり方の二つがあるんですよ。例えば、凄いスピードでバッと来る場合、そこに集中しよう、反射しようとすると先に動いている相手のほうが絶対に勝っちゃうんです。だけど、まずは受け入れるっていう状態をパッと作っておくと、打撃ってその中の一点でしかないことがわかってくるんですね。あるいはひとつの線でしかない。だから、そこに対処すればいいんで、そうするための切り替え作業ができるとどんなに速くてもそんなに速くないんです。

苫米地　でも、そうは言うけど、俺は山城先生はスピードの練習はしてると思うな。なぜなら人間は反射のスピードを超えることができるから。例えば、中国の卓球選手のスピードって人間の反射の速度の限界を遥かに超えてるわけでしょ。でも、中国選手たちは玉を打ち合ってるよね。ということは反射の速度を超えて人は動けるわけだ。もちろん、ある程度、こっちに打ったらここに返すだろうっていう予測もしてると思うし、それも利用してると思うけど。でも、俺は玉が見えてると思うんだよね。ただし、普通の人が言う〝見えてる〟とは違うんだよ。彼らの〝見えてる〟は。意識に上がってないかもしれないけど、目にはちゃんと映ってるってことそもそも普通に脳が〝見えた〟って認識するのに200～300ミリセカンドかかるんだよね。だけど、そんなスピードだと野球のピッチャーのボールすら認識できないはずなんだよ。

山城　はい、そうですね。

苫米地　草野球でホームランなんか絶対に打てないはずだよね。でも、現実は素人だって打ってるってことは見えてることは確か。ただし、ピンポンの場合はそれが桁違《けたちが》いに凄いわけね。でも、俺はちゃんと見えてると思ってるよ、電気信号の速度で。ただ、「わかった。見て打とう、ここに」っていうのとは違う経路が訓練されて生まれてる。そこの訓練は必要だろうなって思うよ。で、俺は山城先生はひそかにやってるんじゃないのかなと思うんだけど（笑）。

山城　まあ、弟子に見せていないものはありますね、正直に言いますと（苦笑）。あの、僕から苫米地先生に聞きたいことがあるんですが、いいですか？

苫米地　もちろん、聞いて（笑）。

気は存在するけど実在しない

山城　編集者さんからいただいた『自分のリミッターをはずす！』を読んでちょっと思ったんですが、武術の技と変性意識って関係あるんですか？

苫米地　もちろん関係あるよ。ただし、広い意味での変性意識ってことを言うと我々はお釈迦《しゃか》さま以外は全員変性意識の世界に生きているから、どんなものでも関係あるって話になっちゃうんだけどね（笑）。ともかく、この世界をありのままにすべて認識できる人はブッダだけで、必ず人は自分の記憶を使って世界を見てる。過去に見たもので目の前の世界を認識するし、知識を使って認識することもある。時には情動を使って世界を理解するでしょ。つまり、自分たちが見てるものは全部自分というフィルターがかかっているわけだ。だから、自我を消せた人が初めて世の中をありのままに見ることができるわけ。でも、そんな人がいるわけないよね。みんなご飯を食べているんだから。

山城　食欲という自我（笑）。

苫米地　でしょ。ということは、俺らは全員変性意識の世界にいるのね。ということは、変性意識の世界のどこをどうやって上手にコントロールするかが大切で、武術家の場合は「あなたは眠くなってきます」とかは言わなくていいっていうこと（笑）。そんな暗示なんか必要なくて、目の前の相手が死んでればいいんだから。そこに特化してるのが武術だからね。でも、武術はその他の応用にだって使えるよ。例えば、武術が上手になると病気を治せるようになるっていうのは、応用のひとつだよね。それがいわゆる「気」だよね。ただ、この気もヘタに使うと自分が病気になったり、死んじゃうこともあるわけだ。なぜなら、武術家は気を本格的に学んでいないから。武術の応用の中で気を使ってしまうと、どうしても気を使っただけ減っちゃうと思っちゃうんだよね。だけど、もちろん、気は使ったって減るもんじゃないんだよ。無限にあるの。なぜなら、気って、自分と相手の大いなる勘違いだから（笑）。

山城　えっ、そうなんですか!?　その前にそれを言っていいんですか（苦笑）。

苫米地　もちろん、いいよ。だって本当のことだもの。でも、だから、気ってあるんだぜ。要は、気は存在するけど実在しないっていうことね。

山城　ああ、わかりました（笑）。

苫米地　ただし、気を本格的に学んでないと、そこの部分が理解できなくて、気が本当にあると思っちゃうんだよね。そうなると、どうしても気は使ったら減っちゃうと思っちゃう。仮に知識として、「気は存在するけど実在しない」って知っていたとしても、人間の無意識って水は飲んだら減ると思うし、走れば疲れるし、何事も有限って無意識は思い込んでいるわけね。だから、それをひっくり返すためにはどうしても訓練が必要で、例えば、道教なんかでは「宇宙のあの星からエネルギーをもらう」という説明をして、その星からエネルギーをもらう訓練をするわけだ。それは道教という宗教の枠組みの中での説明だけど、実際は自分の無意識をひっくり返しているわけで、「有限じゃなくて無限だぜ！」って確信できることが肝心なのよ。実はそれが結構大変で、もしも、ひっくり返せないと自分が病になってしまうし、ひっくり返せたらがんでも治せるってことね。

山城　実は、僕らの突きの秘伝の技の中にお腹に中段突きをポンと打って気絶させちゃうって技があるんですよ。それはどんなに鍛えていてもパワーがあっても、まあ、いろいろ条件もありますけど、本当にポンと軽く打っただけで、脳の血をスッて奪って立ったまま気絶させられるんです。これは菊野選手も見てるんですよ。技術という話じゃなくて。ツボがどうこうとか、そういうレベルじゃなくて内臓に手を突っ込んで血を奪い取るぐらいの気持ちで行うんですよ。そしたら頭の血は減りますよね。たった、それだけなんですよ。イメージなんですよ。

苫米地　それはいい話だね（笑）。

山城　そうなんですよ。でも、なかなか信じてもらえないんですけどね（苦笑）。例えば、溺《おぼ》れてるってイメージって溺れた時があればわかると思うんですよ。投げられたってイメージも、自分が投げられていればわかると思うんです。じゃあ、この技のイメージはどうかというと、自分が本当に瞬間的にスパッと刃物で突き刺すようなイメージで、それは別に経験がなくても、そういうふうに思いきればできるんです。そのイメージができれば、相手はフッと気絶しちゃうんです。ただし、そのイメージに行くにはやっぱり積み重ねが必要なんですよね。だから、それを言われたってできないわけですよ、普通は。「えっ、そんなのできるの？」って疑っちゃうんで。でも、やっていく中で、「あ、それができる要素はあれなんだ、これなんだ」って気づきはじめて「あ、僕はもうそういうことができる人なんだ」ってわかるとポンとできちゃうんですよ。

苫米地　面白いねぇ、そういうのだけで成り立っているのが武術だよね（笑）。心臓をちょっとこうやるとかさ。いろんなことができるからね。

山城　先ほど卓球のところでもおっしゃっていましたけど、「来たから返そう」って凄い時間的にロスが大きいじゃないですか。だけど、玉がそこに来る時に身体はこうなって心もポンてなるっていう瞬間の速度はいくらでも上げられるんですよ。いくらでも上げられるので、そういう訓練をしないといけないんですね、本来ならば。

苫米地　それが型。卓球選手のピンポン玉は自分が打った時に相手が打ち返してここに来るっていうのはかなり絞り込めてるわけでしょ。型もそうで、最初の動きがなんらかの誘いを作ってるわけだから。というか、すべての型の動きは全部誘いでしょ。予想の範囲内の中での最適なひとつの例を出してくれているわけで、全部ワンセットだから型は。

山城　誘い、受け、崩し、打撃っていう順番があって、沖縄の空手の型もなぜこの動作をするのかっていう議論がやっぱりあるんですけど、でも、戦うって考えたら、まず誘いがないといけないんですよ。自分の好きなところに相手が入ってくれるわけがないですから。だから、そこに誘い込む方法がまずは第一。それが型だったり、構えだったりがある理由なんです。

苫米地　いや、空手の型は誘いが凄い上手だよね。ハマるよ。だから、空手と戦う時は間合いで勝負するしかないんだわ。

山城　戦うっていうのは間合いの話だけなんですよ。それ以外に僕はないと思っているんで。例えば、距離を詰めるならば詰めたあとの何を知ってるか、から入る。相手がギリギリ、自分がイケるなって勘違いする場所を先に取っちゃうとか。それが全部練習に入っているんですね、型と基本稽古の中に。その境目が強いんですよ。境目をコントロールできる人間は凄く強いんですね。僕はよく吊橋《つりばし》を例に出すんですけど、吊橋って両岸の柱がお互いに支え合っているわけじゃないですか。両方の柱がちょっと離れたら橋は切れますし、ちょっと近づいたら弛《ゆる》んじゃうんですよ。一番いいところをちゃんと理解してるかどうかが橋を架ける技術の凄く重要なところで、僕らが間合いを作ること、間合いをコントロールすることもすべて橋を架けるって言うんですよ。

身体の動きを改善するための知識を型から導き出す

苫米地　いい言い方だね、凄くいい言い方だ。ところで、山城先生はそうやって型のエッセンスなんかを全部明かしているけど、それで大丈夫なの？　気前良すぎない？（笑）

山城　アハハハ。明かしても全然平気です。僕はもともと凄く身体も弱くて頭の回転も鈍くて、とても弱いってところから始まった人生だって感じてきているので、それが空手を通して少しずつ自分自身が良くなっていくことを知って、良くなった喜びっていうのが凄く大きいんですよ。

苫米地　だけど、俺は山城先生は世界最強クラスだと思うよ（笑）。

山城　いえいえいえ。なんていうんですかね、強くなりたいって思ったこともないんで。空手も気がついたらやっていたんです、生まれて気がついたら空手をやっていて。かといって強いかというと、もともとの素質もそれほどなかったので、弱いままの人生だったんですけど、良くなる喜びは知ってるんですよ。で、いま空手の技術とかを分析していくと、医学的、生理学的に凄く応用が利くのがわかって、それで菊野選手にも教えているんですよ。例えば、彼に型だけをやってろって言ってるわけじゃないんですよ、そこからこの動きを導き出すとこのグラブではこれだけの打撃力を導き出せるから、この角度でこの場所に打てばいいと。そうすれば、一撃で気絶するよって言えるわけですよね、根拠があるから。

そうなってくるとだんだん普通のおばちゃんだったりとか、障害を持った子供たちにも、何か改善するための知識を僕は型から導き出せるんじゃないかと思ったんですね。で、やってみたら、型の中からお爺ちゃん、お婆ちゃん、子供たちの役に立つ身体の使い方が湧《わ》き出るように出てくるんですね。だから、僕は、それが自分の役割であり、沖縄拳法空手の役割だと思うんですよ。ですから、いまはそれをちゃんと受け止めて、そこから掘り起こすという作業をして、そこの泉から湧いてきたものをみんなに分け与えて、「良くなるよ」って伝えています。だから、いまは隠すというよりもどんどん新しいものを出していこうと思ってますね。

苫米地　武術のエッセンスを普通の人が応用できるようにしてるんだ（笑）。

山城　いまもうすでにやってるんですけど、効果もあって、人間の身体って、案外筋力を使わずに動くんです。お婆ちゃんとかが階段を上るって、パワーだけで見たら無理なんですよ。だから お婆ちゃんが階段を上るって筋力の話じゃなくて骨格支持で考えるんです。あとはバランス。それは生きていく中で身につけたものなんですね。で、それがわかると、今度は、空手にそのエッセンスが使えるようになってくるんです。お婆ちゃんの効率的な身体の使い方は疲れない、無理しない身体の使い方だからです。それを空手に活かせば、相手を倒すのは簡単です。そもそも、人を倒すのにそれほど力は必要としないんです。例えば、中学2年生ぐらいの男の子が全力で大人を殴ったらそれだけで気絶しますよ。

苫米地　そうだね。

山城　だから、パワーじゃないんですよ、何万回突きの練習をしたか、でもなくて、条件さえ整えば倒すことはできるわけですよ。実はそんなに人の身体って筋力的なものを求めてなくて、自分の身体を動かすことが純粋にイメージどおりになれば、だいたいのことができると思うんです。逆にそれができないことが問題。おそらく自分の認識をそこに当てはめられていないだけなんですよ。でも、当てはめることができれば、もっとみんな楽に動けると思うんです。

苫米地　それがまさに身体と心はひとつってことだよね。簡単にいうとイメージ力っていうのかな。いまはそのイメージ力が圧倒的になさすぎるんだろうね。だから、いろんな問題が起きてるわけだ。教育の問題にしても、福祉の問題にしても、お金の問題にしても、身体と心が別モノと考えているからイメージできないんだよね。

山城　そうですね。

苫米地　最後に山城先生に、いろんな先輩として伝えておきたいことがひとつあるのね。それは思った以上に技は相手に影響を与えているって認識したほうがいいってこと。

山城　ああ。

苫米地　武術やってる人は相手が倒れないと勝った気がしないんだろうけど、心の世界の技に入ってくると、相手はピンピンしてるけれど物凄い影響を与えていることがあるから。だから、山城先生は常に達人だっていう当たり前のことをどういう状況でも認識しといたほうがいいと思うよ。

山城　それは……そうですねぇ、気をつけます。今日はいい話を聞けて良かったです（笑）。

苫米地　俺も会えて本当に良かった、また、いろいろ話しましょう。

人と身体はイメージに支配されている

実に有意義な時間を持てた対談でした。

ここで大切なのはイメージ力という言葉です。山城先生は、対談の中で、「自分が技術になる」「自分が投げられれば相手は投げられている」「内臓の血を搾《しぼ》り取るつもりで突くと相手は気絶する」など、イメージに関する話をたくさんしています。

しかし、面白いことに、山城先生自身は、弟子が技の説明をする時は「イメージという言葉を使うべきではない」と言っています。

それはイメージという言葉を使うと、学ぶほうはそれぞれ勝手なイメージを作ってしまって正しく伝わらないためです。

それではなぜ、対談でイメージの話をしたのかといえば、武術の奥義のひとつにイメージがあるからです。

私たちの身体はイメージに支配されており、やはり、心と身体は同じということになるのです。武術の世界では、すでにこれは常識です。

しかも、山城先生は、それをいち早く理解し、お年寄りや障害者などの身体能力を手助けする仕事を始めようと動き出していました。

武術のエッセンスを使えば、人は元気になり、丈夫になり、はつらつと動けるようになるのです。

さて、すでに読者の方々も、人は簡単に変わる、武術のエッセンスを使えば簡単に変わるということがわかってきたのではないでしょうか？

ですので、次の章では、どうすれば変わることができるのか、具体的なワークの紹介も含めて確認していきましょう。

第3章

内部表現の一瞬の書き換え

足音を立てずに歩く

前回の対談後、私と山城先生は意気投合し、菊野選手が地元鹿児島で開催した格闘技大会『敬天愛人』を一緒に応援するなど交流が深まっていました。山城先生の武術に対する考え方、技に対する考え方もより一層見えてきたと言っていいでしょう。

第2回目の対談はそういう最中で行っています。

前回よりも深い話ができたのはそのためだったのでしょう。

ちなみに、この時も山城先生には私の事務所までご足労願ったのですが、ちょうど私はある講義をしている最中で、それが終わるまで少し待っていただきました。

講義のテーマは「自分の感覚を研ぎ澄ませるためには」というもので、講義の最後には簡単なワークとして「足音を立てずに歩くように。そうすれば、自分が見えてくる」という話をしました。

今回の対談はそのワークの話から始まります。

山城美智VS苫米地英人　対談②

意識を外に出して自分を見る

――先ほどの講座の最後に「足音を立てずに歩けるようになってほしい」とおっしゃっていたじゃないですか？　あれは今回の本のテーマと通じるものがあるんじゃないでしょうか？

苫米地　実はあれは身体の使い方の基本なんだよ。

山城　あれは僕も子供の頃からずっとやってるんですけど、音が問題じゃなくて、音を立てない意識のほうが重要なんですよね。

苫米地　そうそう。足の裏に対しての意識。

――あれをやると意識が変わってくるんですか？

山城　音を立てないように意識すると自分の身体が見えるようになってくるんです。なぜなら、自分の意識が身体の外まで出るわけなので。で、意識が外に出ると、自分の身体を上から見たりだとか、横から見たりだとか、後ろからも見えるようになってきます。

――この前の対談でおっしゃっていた後ろからの目線が感じられるってことですか？

山城　そうです。人の意識が感じられるようになります。後ろから見られてるのがだんだんわかるようになってきます。

――へえ～、意外に重要な技術だったんですね、足音を立てないって。

苫米地　結構重要なんだよ。ただ、意識を外側に出せることと、それを24時間維持できるっていうこととの差はあるよ。本当の達人は24時間維持できるからね。

――今回ずっと取材してて無意識を意識するって凄《すご》く重要だなって思ったんです。例えば、僕らは無意識で体重のバランスを取ってるわけじゃないですか？　でも、先ほど苫米地先生が足音を立てるなって言ったのは、それを意識しましょうって言ってるわけですよね？

苫米地　バグだらけだからね、人は。

山城　そうです、僕は先ほどの講義の中で、その言葉が一番印象に残ってて、いろんな疑問が解けたんですよ。ドンピシャだなって思って。

苫米地　ワハハハ！　ありがとう（笑）。

山城　僕らはバグだらけなのでチェックしないといけないと思うんです、自分の身体のことを日頃から。チェックをしていれば、自分のどの足に何％体重がかかっているのかとか、どの骨にはかかってないとかっていうのがだんだんわかってくるんですよ。逆にそれがわからないと自分が正しいのか、間違っているのかもわからないんです。

苫米地　本来、右手を肩の位置に上げたら身体は右側に傾かなきゃいけないでしょ、バランス的にはさ。

山城　でも、無意識に左側に体重を移しているので傾かないんですよね。

苫米地　そう。

山城　これを武術的に考えると例えば、突きを打つとか、そういう目的を持って手を上げた場合、無意識のうちに後ろに体重が移ってしまう。これでは当然突きの威力がなくなるんですが、もっと気をつけなければいけないのは自分の思ったとおりに手が動いているかどうか、なんです。

――動いていないんですか？

山城　その可能性がとても高いんです。だって、そうでしょ？　無意識が勝手に身体を動かしているわけですから。これを思ったとおりに動かすためにも日頃どういうバグが自分にあって、それをどう修正していけばいいかを訓練していないと瞬間的にはできないんです。

苫米地　だから、俺はさっきの講義で1時間に一度でいいから客観的に自分を見てねって言ったのね。それは身体を含めて自分の状態を客観的に見るってこと。というか、身体が見られるようになれば、自然に心も見られるようになる。それが心と身体は一緒ってことね。で、これをやってると本当に強くなっちゃうんだわ（笑）。格闘技の場合はそれが顕著に出る世界だよね、物理空間だから。要は、いまの格闘技はワンツーパンチとかジャブからローキックとかいくつかのパターンを作るでしょ。でも、それって武術の世界ではダメなことなんだよ。リアルタイムにちゃんと作れてないとダメなの。

山城　空手の場合でいえば、演武なんかを「これが正しいフォームです」っていう映像で見て覚えることに凄く疑問があるんです、僕は前から。フォームは人それぞれで自分で修正してってもらわないと困るんです。だから、僕は鏡を見て練習するなって言ってます。身体は身体で見るべきだって。

――確認ですけど、ただし、型は古来から伝えられたとおり、寸分違《たが》わずやるのが正しいんですよね？

山城　そうです。それが正しいんです。

苫米地　ところが、その正しいっていうのは人によってさまざまだってことだよ。だって、寸分違わずやれって言ったって、そんなの不可能でしょ。人によって体格違うよ、体重違うよ、まったく同じなんて最初から無理だって。でも、寸分違わずやらないとダメなんだぜ（笑）。

山城　はい、まさにおっしゃるとおりです。いま先生の言った「寸分違わず」を実現させるのが、「身体は身体で見る」ってことなんです。

――自分の身体を、自分の身体で見ながら、自分の身体にとっての正しいフォームを身につけると。そのためには無意識の動きをちゃんと自分でモニターするってことですか？

苫米地　そうだね。そのためには反射すら制御しなきゃいけないわけだ。

山城　反射で思い出しましたけど、僕、昔、原付きに乗ってた時に急に横から車がパッと出てきて、びっくりして転んだんですよ。でも、「これは一番弱い反応、つまり一番ダメな反射だな」

と思ったんです。だって、本能的に身体が縮こまってしまったから転んだわけですよね。だから、その後はとっさの反射を意識して、そうならないための感覚をずっと積み重ねていたんですね。そうしたら、次に車がブワッと来た時はびっくりしなかったんですね。皮膚の表面がバリバリバリって痛くなりましたけど、身体は固まっていないんですよ。自由に動けたんです。ということは反射っていうのは意識でコントロールできるんだなってわかったんです、日頃の稽古で自分の身体を意識して見続けていると瞬間的な反応さえも……。

苫米地　上から抑えられるよね。

山城　そうです！　だから、そうなってくると本当に外側を見る感覚も鋭くなります。例えば、モノを落とした時に急いで拾おうとしますよね。最初は慌ててるんで手が遅れてしまって落とすんですよ。だけど、外側に意識を持っていけるようになると、だんだんなめらかに普通にスッと空中で摑めるようになるんです、瞬間的なことであっても。だから、本当に瞬間瞬間を修正する積み重ねがあると身体は変わってきて、反射自体も変わってくるんです。そして、これで大切なのは、反射の修正は本能じゃないってことです。鍛錬の結果によって反射や無意識はコントロールできるということです。

苫米地　そもそも本能って進化の過程の中の一部分の話だからね。だって霊長類は本能の次の段階に移行しようとして大脳皮質をデカくしたんだからさ。ということは、霊長類であれば、反射を修正できて当然なんだよ。もちろん、条件反射はあるんだよ、それは生まれ持った能力だからあるんだけど、21世紀は条件反射は裏向きに反応するほうが多いんだよ。これは前の対談でも言ったけど、「熱ッ！」って手がバーンと伸びる条件反射があるけど、最近の人ってあんまりヤケドしないよ、まず（笑）。その一方で、原発から漏れた放射線はヤケドしそうに熱くないけど近くに寄っちゃダメでしょ。死んじゃうから。ということは、21世紀のリスクは本能で学んだ反射じゃ避けられないってことでしょ。しかも反射は余計な動きをしてしまうから逆に怖い。「熱ッ！」って手がバンッて伸びて壁に当たってケガするかもしれないいんだから（笑）。つまり、21世紀は、反射は邪魔なくらいなところに来ちゃったんだよね。それは武術にだって言えるわけ。なぜなら、武術は反射を超えることしか練習してないんだから。でも、それを逆に言えば、相手には反射を起こさせて技にハメるために使ってるとも言えるわけだ。

——菊野選手との対談で言っていた「反射を超える」ってそういう意味だったんですね。

苫米地　だって反射が起こるってことは必ず脅威を感じないといけないわけでしょ。だけど、武術家は脅威を感じちゃいけないいんだよ。感じさせずに斬《き》るんだからさ。ということは反射じゃ間に合わなくない？

どうやって勝つかではなく、勝つために何をするか

山城　昔の人は恐怖心と戦うために座禅とかをやっていたと思うんですよ。僕はやっぱり怖いっていうのは人間の根源であり、根本的な本能だと思うんです。それをコントロールできないと負けてしまうし、逆にそれを超えた時に勝ってるんですよ。

――例えば、山城先生は何か恐怖心を超えられるような特別な練習はしました？

山城　やっぱり武器の練習がそうですね。武器を使わない時でも、よく世界を理解しようとはしています。いま起こってる状況をよく理解すれば恐怖はないじゃないですか？　理解できないことが起こるから恐怖が出てくるんです。ただ、僕も初めてのことは怖いですよ。初めて起こったことには対処できないし、凄く悲しいこともあるし。でも、一回経験すればその対処法がわかるので、やっぱり引き出しを増やすしかないかなと思ってます。

苫米地　俺はね、もっとわかりやすいことをしてるよ。深夜の墓地に行くの（笑）。

山城　ハハハ、それはわかりやすいですね（笑）。

苫米地　俺の場合は怖いとかじゃなく、怖さが起きたらいけないって思ってるから確認に行くわけだ。また、都合のいいことに留学していたイェール大学の周りは墓地だらけだったのよ、簡単に言うと。

山城　えっ！

苫米地　そうなの。大学の周りってみんな墓地なの、だいたいは。大学も墓地も税金が免除でしょ。だから、税金を払わない同士を集めてるんじゃないの（笑）。

山城　そうなんですか（苦笑）。

苫米地　たぶんね（笑）。で、大学から寮までの一番の近道は墓地を三つ四つ抜けていくルートで、計20分ぐらいの墓地散歩なのね。そのルートを、大学の研究が終わった夜中の2時、3時に一人で歩いていたわけ。でもさ、最初のうちはおどろおどろしい西洋墓地だとかを見ると、ドラキュラとかのことをどうしても考えちゃうんだよ（笑）。だから、そういう恐怖を取り除いていく作業をしてたね。あとAIの学会がフィラデルフィアであった時も霊が出るって有名な元サナトリウムのホテルにわざわざ一泊したりしてた（笑）。

山城　完全に肝試しですね（笑）。

苫米地　そう（笑）。でも、いまはちょっとした恐怖心みたいなものを自分の中に維持しておくのも健全かな、と思ってるからもうやらないけどね。心の中に、ほんのちょっとの恐怖心は常に維持しておく。それをずっと自分で克服している日々を送るのが正しいと思ってるよ。逆にまったく恐怖心がないのはただの無謀だしさ。恐れって逆にいうと本能的な尊敬でもあるわけでしょ、死者に対する尊厳でもあるわけだし、踏み荒らしていいわけじゃないでしょ、墓地は。

だから、やっぱり恐怖を維持することは健全なこと。でも、それはほんのちょっとあればいい。コントロール可能なレベルで維持するってことだね。

山城　わかります。わかりましたが、それにしても先生はいろんなことをやってますね（苦笑）。

苫米地　ワハハハ！　なんだってやってみればいいんだよね、墓地散歩は俺のオススメ（笑）。ただし、いまのは心の話であって、武術の場合はもっと簡単、さっき山城先生が言ったようにシミュレーションして勝ってしまえば恐怖心が消えるんだよ。

山城　本当ですね。

苫米地　エレベーターにいたら、隣のこいつをどうやって倒そうかってシミュレーションしてれば恐怖心は消えるでしょ。

――山城先生もやってます？

山城　やらない時に起こることが負けるってことだと思います。予想外とか、想定外とか、「あっ！」っていうのが出たら負けなんですよ、相手はそれを利用しちゃうから。だけど、ちょっとでもシミュレーションしていれば型はあるし、いくらでも対応できます。それにシミュレーションってとても大事な稽古だから。

苫米地　一方、霊はシミュレーションできないからね。感情そのものを抑え込まなければいけないから、別の鍛錬になるんだよ。武術は相手の身体があるからさ。どんなデカイ外国人が相手でもシミュレーションできるよ、いくらでも。

――例えば、シミュレーションして「うわ、勝てない」って思ったらどうしたらいいんですか？

苫米地　そんなことは絶対にありえないよ。相手は人間だよ、バグだらけなんだから、どのバグを使うかだけ。

――山城先生もそうなんですか？

山城　いつも言うんですけど、中学校2年生ぐらいの男の子がプロ格闘家のすぐ近くに行って全力で顔面を殴ったら気絶すると思うんですよ。ということは勝負ってそれだけのことなんです。いかに全力で殴れる距離に近づくか、その距離をどう埋めるかだけの話なんで、強いパワーが必要とか、すばやい動きが必要とかじゃなくて、そこまで行ければいいんです。格闘技の場合はその間を埋めるのに筋力で埋めるんですけど、武術はそれを技術で埋めるんです。だから、それができないシミュレーションっていうのは、シミュレーション自体が違うんです。シミュレーションさえうまくできれば関係ないんです。

苫米地　相手の背が高ければ目の前に金的あるしね（笑）。

山城　これは実話ですけど、ある武術の達人が若い格闘家に勝負を挑まれたことがあったんです、「先生、自分と勝負してください」って。達人はお爺さんだったんで、「はぁ、いまなんて言ったの？」「自分と勝負してください」「えっ、なんて言ったの？」って言いながらどんどん相手に近づいていっていきなり目に指を入れてボコボコにしたんだそうです、「お主も若いの〜」って（苦笑）。

――それ、凄く卑怯《ひきょう》な感じがするんですけど（苦笑）。

苫米地　武術は負けないことが第一だから。それに卑怯って言うんだったら、お爺さんに挑戦するほうが卑怯じゃない？（笑）

山城　そう思います。どうやって勝つか、ではなく、勝つために何をすればいいかなんです。

苫米地　勝ちというゴールを先に決めて、それを成就する方法を見つけることがシミュレーションなのね。だから、「うわ、勝てない」っていうのは最初のゴール設定が間違ってるのね。

山城　格闘技大会『敬天愛人』の時の菊野選手の二回戦の相手にしても、菊野選手よりも背が高くて体重があったんですよ、身長で15センチ、体重で25キロぐらい差があったのかな。だから、向こうのほうが当然、リーチも長くて普通に打ち合ったら菊野選手のパンチは当たらないんです。なので僕は、菊野選手の動きの幅を計算して、例えば30センチなら30センチ、頭を動かす癖をつけろよと事前に言っておきました。そうすれば当たらない距離にずっといることができるんです。で、組んだら投げてマウントを取れば勝てるルールだからそこに持っていこうっていうのが流れで、最初から彼はそれをやってるんで恐怖心が消えて向かっていけたわけですよ。ということはシミュレーションのほうがはるかに重要なんです。打ち合いの打撃力の問題じゃないんです。

苫米地　どんなに体格が勝っても、どこかに必ず穴はあるの。それが人間のバグなのよ。ただし、バグは相手だけじゃなくて、自分にもあるからね。相手が動くことで、こっちもつられて動くこともあるし。あるいは訓練すればするほどバグを強化しちゃうことだってあるのね。そこは気をつけないと。だから、最初に言った「身体を見る」っていうのが必要になってくるわけだ。

山城　例えば柔道って競技じゃないですか。だから投げられないことを前提でやるわけですよ。ところが、投げられることを前提でやる競技もあるわけです。合気道とかは投げられたから負けじゃなくて投げられる前提で技を食らっているからキレイに受け身が取れるわけじゃないですか。受け身を取ってることが大事なんですよ。そうすると一見するとどっちが負けたのかっていうのが逆になっちゃったりするんですよ。キレイに受け身を取ってるほうが実は勝ってる可能性もあるわけで、その瞬間を判断するのは難しいですよね。

苫米地　受け身が取れてたら痛くも痒《かゆ》くもないしね（笑）。例えばさ、この前、YouTubeで、ある武術家と格闘家の試合を見たんだけど、これなんか最初の時点で勝負が終わってるからね。だって、この格闘家は一番最初に武術家の間合いの中に完全に入っちゃってるから。もうそこで死んでるよって、俺は思うんだけど。

山城　そこがスポーツと武術の一番の違いですね。スポーツは「用意、はじめ」でスタートですけど、武術は人と向かい合った時にもう始まってます。だから、さっきの達人のお爺さんの「はあ、いまなんて言ったの？」は正しいんです。

苫米地　「他人の道場に入ってきてるのに、何油断してるの？」ってことだよね。

意識と無意識

――いままでのお話を聞いてると、無意識を意識に上げると人間はいい感じになりそうですね。

苫米地　わかりやすく言うと、無意識はバカだからってことを理解してほしいね（笑）。なぜなら、環境で自由自在に左右されちゃうわけだから。怖いっていうのもそうだし、戦いで言えば、相手が構えたら、つられて自分も構えちゃうってこともそうだよね。そういうのはすべて環境をコントロールできていない証拠。

山城　例えば、こっちが近づいて行くのが当たり前の環境だったとしても、いざ戦いとなれば、無視してあっちに来てもらえばいいんです。

苫米地　そう。向こうの都合の環境とか、環境の中に埋め込まれている環境＝要は空気を読めということの空気だよね。そういうものをいかにひとつ上から見られるか、なのね。ただし、そういう時は無意識って意外にいい仕事をするんだよ（笑）。無意識のいいところはたくさんの情報を一度に手に入れられるってことなのね。さっき言ったように無意識はバカなんだけど、いい仕事もいっぱいするの（笑）。その一方で、意識は一度に一ヶ所、せいぜい二ヶ所にしか注意がいかないから、もしも、意識がバカだったらますますバカなことをしてしまう。それを超えるためにも、まずは環境を無意識で身体に学ばせなきゃいけないんだよ。ただし、相手がいる戦いの場合は、相手の動きで全部誘われちゃうからね。それをもう一段上の段階から見て、コントロールできる意識を作らないといけないんだけど。

――多人数の相手に囲まれましたっていう環境ですら、コントロールできるんですね？

苫米地　だって、全員同時に来ないし、来させなければいいし。

山城　たぶん、そこは想像力が凄く重要だと思うんですよ。一〇人いる相手と二〇人いる相手だったら相手の心理も変わってくるんです。一人対三人、一人対一〇人、一人対二〇人とかになってくるとどんどん相手の心理が変わってくる。相手はどんどんリスクを負わなくなってくるんですよ。

――多人数側にいたら、できれば最初に突っ込みたくないです（笑）。

山城　とか、個別の反応ができなくなるとか。要は「俺、行っていいの？」「行かないほうがいい？」みたいなこともわからなくなってくる。だから、そういうのを全部想像しながら、「じゃあ、こういう心境で相手は動くだろう」って読みながらやれば何十人いようが同じことだと思うんです。それができるかどうかの日頃の考えがあるかどうか。シミュレーションがあるかどうかです。

――一対一〇でも勝てるんですね？

山城　勝てないことはないですよ、ちゃんと訓練すれば。ちゃんと訓練がないのに反射的な強さだけではムリです。例えば格闘技のチャンピオンだったとしても五人いたらもう負けますよね。そういう対処の練習をしていなければ。

苫米地　だから、格闘技にしてもスポーツ武道にしてもそうだけど、想定がそもそも一対一でやるとかさ、同じ空手家同士でやるとかってなってること自体おかしいんだよね。武術は必ず、相手のほうが自分よりも優位な武器を持って、人数も多いって想定から始まるからね。

――つまり、無意識を乗り越えるっていうのはシミュレーションであるってことなんですね。

山城　その状況設定をどうするかですよね。

苫米地　シミュレーションができるってことはひとつ上から見てることだから、それもひとつのやり方だよね。

――そういうシミュレーションの精度を上げるために、先ほどおっしゃっていた足音を立てないとか、鏡を見ないで自分の動きを把握するっていうのがあると考えていいんですか？

山城　僕は自分に起こることは他人にも起こると思っています。だから、自分に起こってることが同じように人にも起こると考えた時に、ああ感じるんだろうな、こういうふうに感じるんだろうなっていうのをなんとなく共有して、それで技を出すんです、全部。だから、自分の身体さえ見ていればいいと思うんです。自分の環境、自分なりの意識の広げ方をやってると自然に相手が感じることも見えてくるようなものが本来の稽古ではないかなと思っているんですよ。

苫米地　あのさ、いまは武術よりも普通の人のほうがはるかに武術家的な生活をしてるんだよ。わかる？　いま空手とかをやってる人って、空手は道場に入った時だけの話でしょ。日常は会社員をやってたり、学生やってたりで武術は心から消えているんだよ。でも、武術をやってない会社員にとっては、通勤時間中も仕事のことを考えたりするし、家でもふとアイデアが湧いたりするわけね。ということは24時間仕事をしてない？

――してますね。

苫米地　それって武術家以上に武術家的生活でしょ。武術家っていうのは寝てる時から起きてる時まで全部武術なのよ。寝てる時が一番危ないんだから。相手の道場なんかに入っちゃったらもっと危ない。大人数に囲まれてるし、通勤中なんて一番刺される可能性高いんだよ。そういう時のシミュレーションを全部できてるっていうのが武術家の生活で、山城先生はそれをやってるわけ。だけど、道場生はどうしてもパートタイムの武術家でしょ。これは批判してるんじゃなくて、そもそもの生活が違うんだから仕方ないんだけど、それは残念ながら武術家ではない。武術家にはオン・オフがあっちゃいけないんだよ。24時間オンの武術家が武術家なの。で、それを考えた時に、オン・オフがない生活をしているのはいま誰かというと、現代では普通のビジネスパーソンなんだよ。企業戦士たちは家に帰ったって仕事のことを考えているんだよ。だから、普通のサラリーマンのほうがはるかに武術家の生活をしてるんだって。要は武術家とは心の無意識の持ち方の話でオフがない人ってことなんだよ。

——う〜ん、ということはいまビジネスパーソンのほうが武術家的だからそれを見習えということですか?

苫米地 違う。俺は逆を言ってるわけ。俺はコーチングでビジネスパーソンたちに、仕事のことだけじゃなく、趣味のこと、家族のこと、近所とのコミュニケーションのことなんかの小さなゴールをたくさん持てって教えてるよ。それぐらい、いまの日本の企業戦士は朝から晩まで仕事のことしか考えてないんだよ。昔の武術家のように。

——ということは24時間オンでいるのは悪いということですか?

苫米地 違う違う。オンを複数持てってことなんだよ。24時間、家族のことも考え、社会のことも考えろってこと。オフは死んでからでいいってこと。

——えっ、オンのスイッチをもっと入れていけってことですか!?

苫米地 そうだよ。「でも、そんなのできない」と思うでしょ。違うんだって、それを無意識にやらせるんだよ。意識だと常にひとつのことしか考えられないのはしょうがないんだよ。だから、仕事に向かってる時に仕事に集中しちゃうのはいいの。空手の試合をやってる時に今日の奥さんの晩飯は何かなって考えなくていいの（笑）。空手の試合をやってる時に家族のことは無意識がちゃんと考えているんだから。それが無意識化ってことね。意識はそれをひとつ上から常にコントロールしてあげる。

山城　凄いですね、こういうことをおっしゃる人は初めてです。そうですよね、本当にそう思う。

苫米地　身体だってそう。人間の無意識が動かす身体っていうのはその人の慣れ親しんだ動きしかしないんだよ。お箸《はし》を動かす動きとかさ。空手の時だったら正拳突きの動きとかさ、それだと間違いなく負ける。そうじゃない動きをリアルタイムで作るから勝てるんだからさ。

山城　そうですね。

苫米地　武術を、身体を鍛えるためにやるのもいいし、芸術としてやるのもいいけど、本当の戦いの時は全部リセットしてひとつ上の世界からその環境を見て作り上げる動きしかないんだって。それをやるのがシミュレーション。シミュレーションをやる時は本当は戦うことはないんだけど、万が一やったらシミュレーションどおりにやればいいし、変更する場合もあるし。そして本当に戦う時には無意識ができてるんだよ。

山城　それはまさに菊野選手と僕の関係ですね（笑）。僕が意識で上から見てて、彼は無意識に従って動く。だから、本人が言うコメントは「私は何も考えてません」って言う（笑）。

苫米地　選手はそれでいいかもしれないよね（笑）。それを一人でやれるようになったら一人前。いまは身体で学んでいってるんだから。

山城　そうですね。先生にちょっとお聞きしたいんですが、先ほど家族のこととか、趣味のこととか、いろんなことをオンにする時のゴールの作り方ってどうするんですか？

苫米地　それぞれに対してのゴールを冷静に考える時がまずは必要。家族のゴール、自分の社会貢献のゴール、自分自身の生涯教育のゴール、趣味のゴール、健康のゴール、ファイナンスのゴール。そういうものをそれぞれ時間をかけて冷静に考える時がいる。そこはちゃんと時間を取ったほうがいい。

山城　そのゴールはそれぞれ関連があったほうがいいんですか？

苫米地　なくてもいい。ただ、だいたいは勝手に関連が出てきちゃう。だから、それぞれに関連はあんまり考えなくていい。逆に関連を考えると、その時に一番興味があるものが影響を与えちゃうから、そうするとほかのゴールのためのゴールになっちゃう。

山城　ああ、考えずにいれば自然に関連してくるけど、考えすぎるとより強いゴールに寄っちゃうんですね。

苫米地　これはコーチングの考え方なんだけど、趣味というのは誰の役にも立たないことを言うのね、自分のためにもならないのが趣味で。だから、趣味でマラソンやってますっていうのはもの凄く怪しいのね。健康の役に立ってませんか？　って。やりすぎると役に立たないけど、やりすぎるのが趣味でしょ。俺の場合はギター集めが趣味で30本もあれば十分なのに３００本も集めるのってバカじゃん（笑）。

山城　いえいえ（苦笑）。

苫米地　だけど、集めるのが趣味だから。弾くのは俺の仕事のひとつだけど、集めるのは趣味なんだよ。

山城　趣味の役割ってどう考えているんですか？

苫米地　やっぱり人生を豊かにするもの。なければならないもの。ただ、コーチングで教える時は職業を見つけるひとつのタネとして趣味は凄く役に立つのね。というのは趣味と職業の必ず共通するところは「人から止められてもやりたいこと」なの。これはもう基本なの。そして、人の役に立ったら職業で、役に立たなかったら趣味なの。

山城　なるほど。

苫米地　で、両方共通してるのは止められてもやりたいことのほかにもうひとつある。それは自分の役に立つかどうかはどうでもいいってこと。だから、職業が自分の役に立つっていうのは職業っていわないの。そのいい例が医者で、医者をやってたら、だいたいは病気になりやすいんだよ。健康のために医師をやってますって人がいたらそれは頭がおかしい人だよ（笑）。社会のために役に立つことしか考えてないから医師は職業として成り立つわけだ。で、病気を治すことが趣味ですっていうと、「それは本当？　病気を治すことで人の役に立ってるんだから趣味じゃないよ」って。人の役に立った瞬間に職業で、人の役に立たないと趣味なのね。あとはまったく共通、自分の役に立つかどうかはどうでもいい。そして、人から止められてもやりたいこと。だから、職業のゴールが見つからない人に、「じゃあ、最初に趣味のゴールを見つけて」っていう指導はするのね。趣味はそういう役目は果たすけど、本来、趣味というのは誰の役にも立たない。じゃあ、なんでそんなことにゴールが必要なのか、というと、止められてもやりたいことを持っておくことは人生を豊かにするから。だから絶対に必要なのね。

山城　いやぁ、凄くいい話（笑）。

苫米地　あとは社会貢献がないと人間は嬉《うれ》しくないからね。職業は十分に社会貢献なんだけど、だいたい職業っていうのは長くやっていくと社会貢献よりもほかのこと、自己実現だったりとか、お金を稼ぐとかになっていく、本来は別なゴールなのに。だって、ファイナンスは別なゴールだし、自己実現は生涯教育のゴールだし。だから、わざわざ社会貢献とか、健康とか、分けて考えているのね。こうやって定義していくことでゴールが見つかっていくわけね。

――趣味をやっていくうちに職業になってしまってもいいんですか？

苫米地　いいよ。そしたら別の趣味を見つけるほうが健全だよね。

山城　凄くよくわかる。

――そうすると、山城先生も空手は職業ですよね？

苫米地　明らかに社会に貢献してるから職業になっちゃってるよ。

山城　僕は求められなかったらやめるってずっと決めてるんですよ。必要とされないことはやらないって。

苫米地　明らかにそれは職業の定義。で、止められたって空手をやるに決まってる（笑）。ということは理想的な天職を見つけられたってことは間違いないんだよ。だから、これから山城先生の場合は、趣味を一生懸命探さないと（笑）。

山城　いま偶然、昔の趣味をやり始めていたんですよ。料理が趣味で（笑）。

苫米地　それはいいこと。だけど、あんまり上手だと自分の役に立っちゃうかもしれないけどね。マズイぐらいがちょうどいい（笑）。

山城　大丈夫です、完全に自己満足です。スパイスも信じられないぐらい持ってます。メーカー違いで同じスパイスをいくつも持ってます（笑）。やっぱりいま空手が職業になっちゃったんですけど、必要とされているのがありがたくて。プロの選手やスポーツ空手のオリンピック代表選手に教えるのはほぼボランティアなんですけど、凄くありがたいんです（笑）。

苫米地　職業はお金が入ってくるか、否かは関係ないのね。

山城　だから、自分の役割を果たせている喜びは本当に大きいですね。変な話かもしれないですけど、「この時代に、こういうことができるのってたぶん僕一人だな」ってちょっと自慢したくなっちゃうほどなんですよ（笑）。そう思えることも凄くありがたくて。それに、苫米地先生とこうやって親しくお話できるというういいご縁もいただけたし（笑）。

苫米地　それは俺もそうだよ（笑）。

武術のエッセンス

――では、最後に武術のエッセンスですよね。一般人が使える武術のエッセンスってあるんですか？

苫米地　それは簡単、バグの使い方（笑）。

山城　僕もたくさん考えて、先生とのお話の中でも考えて、行きつく話っていうのは、やっぱりさっきの話のような、意識の広げ方とかですね。身体の機能を向上させることがあったとしても、それが強いってことにはつながらないんですよ。なぜなら、ベンチプレスで100キロを上げたからといっても、100メートル走で10秒を切ったからといっても、人に勝てるかはまったく別の問題で、それ以外のところの開発が進んだからこそ、僕もこれでメシが食えてると思うんですね。

苫米地　まったくそう。俺も意識だと思うな。意識の使い方、広げ方。一方で、空手をやると強くなるし、健康になるよって言いたいんだけど、それは無理なんだ。例えば、空手のチャンピオンなんかは見るからに健康そうだし、殴られても平気そうだよね。だけど、そんなチャンピオンだって普通に風邪でダウンする時があるでしょ。そうするといくら鍛えても風邪で倒れてる強さって微妙じゃない？（笑）　だから、空手をやると強くなるっていうけど、そこには風邪でダウンっていうのは入ってないんだよ。

山城　そうです、そうですね。

苫米地　そりゃあ、街で素人と戦って勝つとは思うけど、本当にやったら刑務所でしょ。ということは空手をやると強くなるぞって言っていいのかって極めて微妙だよ。

山城　誰も言わないけど、そのとおりです！（笑）　本当の話はそこです。

苫米地　だから、空手をやれば強くなるっていうのはいまは微妙。ただ、もちろん、やるのがムダってことではないよ。要は、強さじゃないんだよ。意識空間に対して繊細性が上がる、広げ方がわかる、そういうことだと思うよ。それが空手を学ぶ、武術を学ぶってことであり、イコール人生が豊かになるって話でしょ（笑）。

山城　そうですね！

苫米地　いま武術を学ぶって、人殺しを目的として学ぶ人ってゼロなわけ。軍人は別として。ただし、人が殺せるまで研ぎ澄まされた技術を学ぶからこそ、意識が広がるんだよ。ある程度、バグの善用の学び方も知るし。ということは自分の意識をコントロールできるようになるってことが強さにもつながっていくし、戦いの結果としても勝ちを手に入れられるよね。もちろん、恐怖心だってコントロールできるし、IQを上げられるようにもなるってこと。それが現代に武術を学ぶってことの本当の目的。じゃなきゃ、現代において「強い」って言わないわけ。で、そのためにはお座敷武術は教えちゃダメなんだよ。この武術を学ぶと健康になれますよ、ダイエットもできますよっていうのはいらん。そうじゃなくて、「人殺しができるくらい研ぎ澄まされた武術ですよ、そういう高度な技術は人生を豊かにするために使えるんですよ、その使い方をこれから教えますよ」っていうのが現代の武術なわけ。

山城　おっしゃるとおりですね！

苫米地　あとはオン・オフも教えちゃダメなんだよ。それは武術とはまったく逆のものだから。常にオン。常に真剣勝負してる感覚は必要だよね。

山城　考えてみると僕も常に真剣勝負をしてます。菊野選手やスポーツ空手の選手たちに教えるじゃないですか？　彼らが負けたら僕の責任だと思っているし、ちゃんと責任を取るんですよ。責任を取るって意味は僕は生活ができなくなっちゃうってことなんですね。それは凄い恐怖なんですよ、この仕事を続けられなくなるとかなので。僕は本当に真剣勝負なんです。しかも、その勝負はあいつ（菊野選手）が毎回勝手に僕の事後承諾で持ってくるんですよぉ。「え〜、先生すいません。一ヶ月後に試合になりまして」とか言って。それで毎回勝手に真剣勝負をさせられるんです（苦笑）。

苫米地　ワハハハ！

山城　でも、それがあるから僕も成長してきたと思うし、なかったら正直、ここまで能力が上がってなかったと思うんです。

苫米地　山城先生も意識が広がってるね（笑）。

山城　それはとっても感じます。身体が大きくなってる感じ。だんだん、自分のものに見えてくるんです、世界にある、いろんなものが。インフラも含めて。

苫米地　人類はそうやって進化してきたのよ。

山城　そうですね。今日は面白い話をありがとうございました！

苫米地　こちらこそ、ありがとう。

武術は「内部表現の一瞬の書き換え」

さて、武術とはどういうものか、が読者の方々にもだいぶわかってきたのではないかと思います。格闘技とは一線を画すものであり、技術も違う、あるいは真逆の技術体系を持っていることが理解できたでしょう。

西洋的なパワー、スピード、スタミナで勝負をせず、自分の身体が持つ骨格や反射、意識と無意識を使って技を組み立て、それで圧倒的に不利に思える状況でもひっくり返すのが武術なのです。

こういった技術体系を持つがゆえに、「内部表現の一瞬の書き換え」も可能になってくるのです。

では、「内部表現の一瞬の書き換え」が武術の技の中にどう使われていたのでしょうか？

みなさんは山城先生や菊野選手、私の話を聞いてわかったでしょうか？

たぶん、多くの人が「これじゃないかな」とあれこれ想像していたと思いますが、「内部表現の一瞬の書き換え」とは、相手が勝ったと思った時には命がなくなっている瞬間です。

どういうことなのか、説明しましょう。

まず、相手が勝ったと思った瞬間とは相手の刀があなたの身体を切り裂く瞬間です。この時相手は「勝った」と思っているのですから軌道修正はできません。刀を振り切るしかないのです。

しかし、こうなってしまった身体は、ある意味、死に体で止まることができません。

武術における一瞬の書き換えとは、この瞬間に行うのです。

ギリギリまで斬られるのを待って、当たる一瞬前に見切って、スキだらけの相手を一撃で斬り殺すのです。もちろん、これは究極で一瞬でも遅れればこちらが死んでしまいます。

ただし、武術の原理はすべてこれで、相手が勝ったと思った時には別の結果が、別の現実が起きていることを言うのです。

例えば、「敵の腕を摑んだ」と相手が思った瞬間に、こちらは相手の手を離せない状態にさせている、ということです。相手が頭の中に思い浮かべている映像と、結果がまるで違う。それを「内部表現の一瞬の書き換え」と言っているわけです。

これを認知科学的にいうと、書き換えの一瞬を情報空間の書き換えと捉えています。

勝ったと判断した認識そのものは脳の情報であり、内部表現です。本当に勝ったほうはこの情報を相手に刷り込ませてから、一瞬で書き換えているのです。

武術はすべて、「内部表現の一瞬の書き換え」で成立しているのです。

だから、やられたほうは理解できないのです。

自分が思っていたことと現実が違うのですから当然でしょう。

そして、ここが最も大切なことですが、自分が思っていたことと現実が違うことを痛感することが、実は、自分で自分を変えるための強烈なモチベーションになるのです。

私は「はじめに」のところで、自分で自分を変えるのは簡単だと書いたはずです。

しかし、多くの人がそれを理解できません。言葉では理解したとしても、実感できないのです。行動が伴わないのです。あるいは、それっぽい行動を取ったとしても、心の底では本気で取り組むことができないのです。

しかし、沖縄拳法空手の技を見れば、私たちの認識がいかに間違っているか、心の底からわかるでしょう。

人は簡単に変わるのです。

このシンプルなことを真に理解してもらうために、私は山城先生、菊野選手の協力を得たと言っても過言ではありません。

そして、もうひとつ、人が簡単に変わるためには意識と無意識を理解することも大切です。

山城先生、菊野選手は人間の身体が無意識のうちにバランスを取っていると何度も言っていたはずです。お辞儀をする時、パンチを打つ時、手を上げたり、下ろしたりする時、そして歩く時。

私たちは無意識にバランスを取って気づきもしません。

しかし、武術では、それに気づくことで技を作っていくのです。沖縄拳法空手では突きの威力を作っていきます。

つまり、無意識に気づくということはそれほど重要なことであり、その一方で、私たちは無意識に気づかないまま生きているということです。

つまり、これも形を変えた「内部表現の一瞬の書き換え」なのです。

山城先生との対談の中で、私は「足音を立てずに歩いてほしい」と言いました。

これは、無意識を意識に上げて、精緻《せいち》に身体を扱うための第一歩なのです。山城先生はこれができるようになると、後ろにいる誰かの気配までわかると言いました。

身体のことを身体で見るとは、それほど重要なことなのです。

自分の身体のことをもっとよく見てください。

自分の無意識を意識に上げてください。

それが対談の最後で言った「意識を広げる」ということにつながるのです。

そうすれば、あなたは劇的に変わることができます。

なりたい自分になるための準備が整うのです。

では、そのための最後のワークをこれから紹介しましょう。

これは山城先生の許可を得て、掲載させていただくものですが、沖縄拳法空手では基本中の基本であるナイハンチ立ちというものです。

この立ち方と移動によって身体の重心の移動を意識してください。

重心が意識できるようになれば、今度は自分の心の在り方、動きや揺れも見えるようになってきます。なぜなら、心と身体は同じものだからです。

骨格のどこを伝わって重心が移動しているのか。その時、心はどう動いているか。あるいは心でどう動かしているか、といったことを動きの中で一つ一つ気づいていってほしいのです。

最後になりましたが、人の人生を豊かにするための具体的な方法論が沖縄空手であり、武術です。

武術のエッセンスは、あなたと、その周りの人を、そして全世界の人を幸せにするものであってほしいと私は切に願っています。

無意識を意識に上げるためのワーク

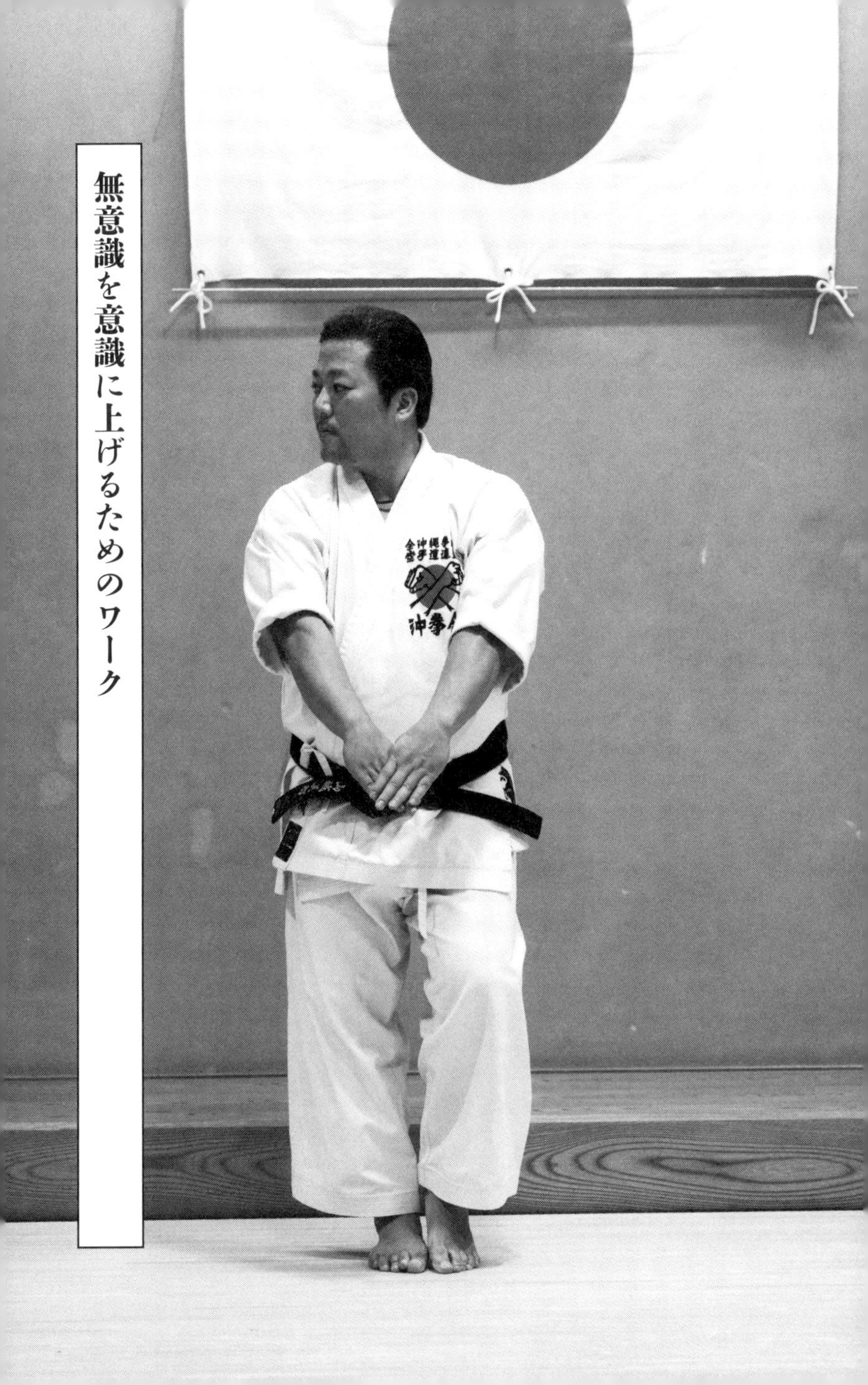

〈ナイハンチ立ちの動き方〉

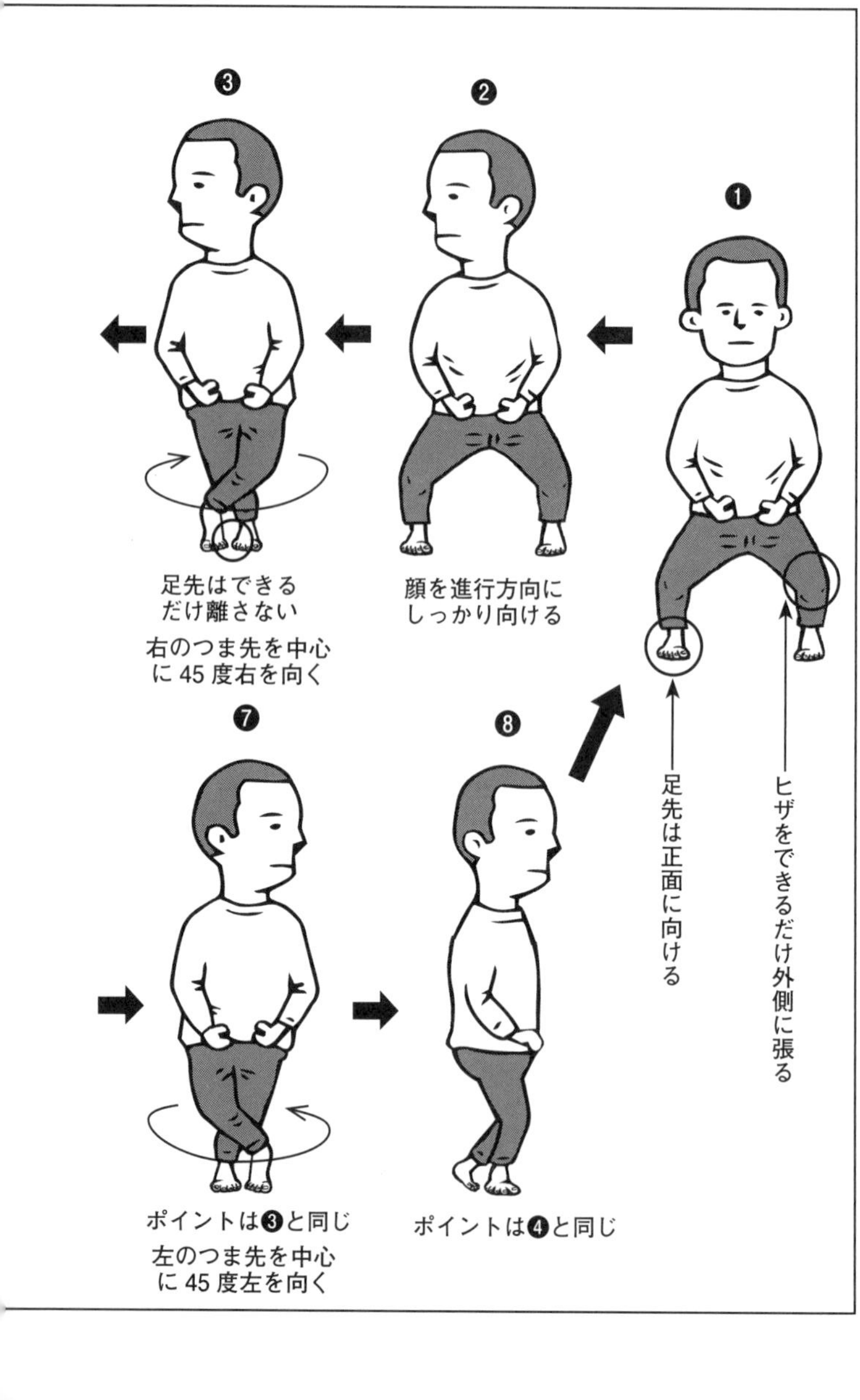

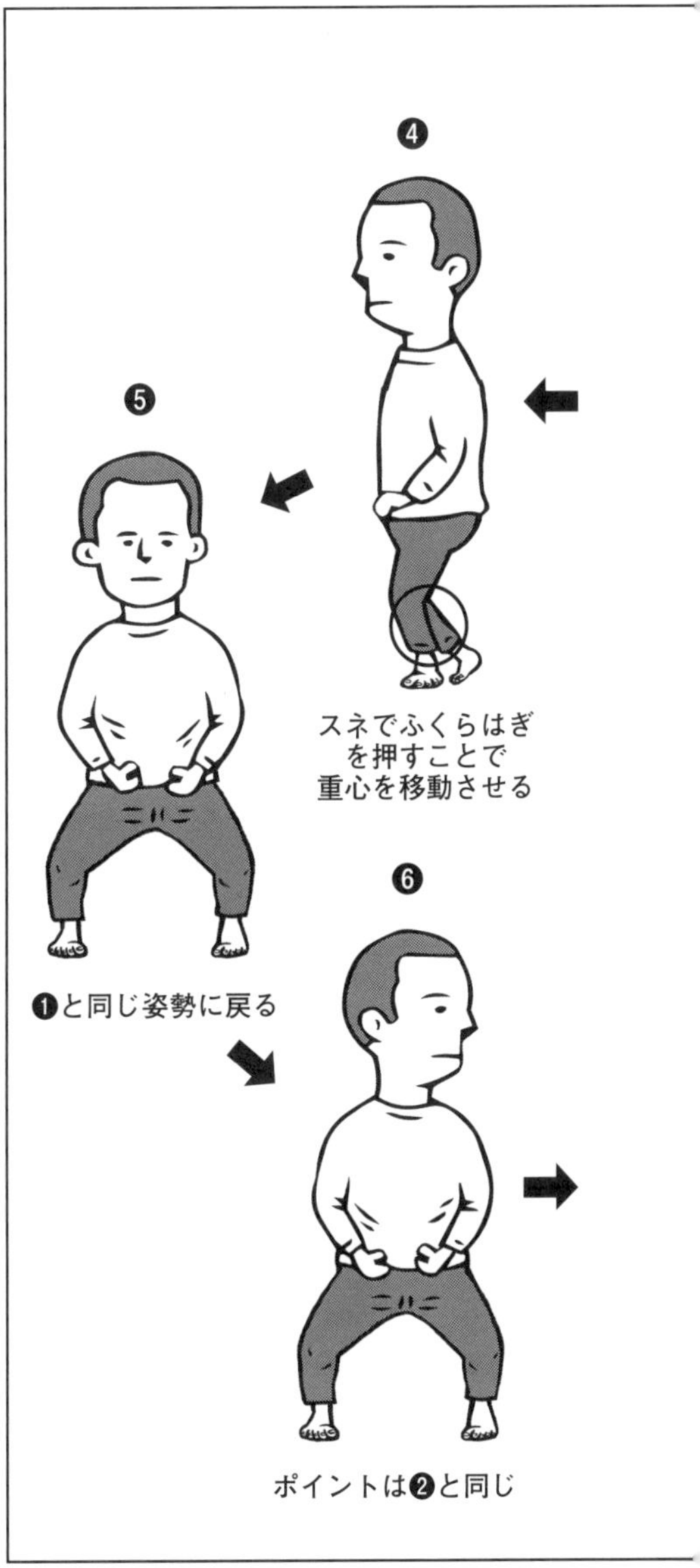
❹
スネでふくらはぎ
を押すことで
重心を移動させる
❺
❶と同じ姿勢に戻る
❻
ポイントは❷と同じ

ナイハンチ立ちは❶番のイラストのように足を肩幅の2倍ほど開いてヒザを外側にできるだけ張ります。重心は足の裏の中心からややカカトよりに置き、腰はでっちりにならないように自然にまっすぐ落とします。

ポイントは身体を太ももで支えるのではなく、ももの裏（ハムストリング）で支えること。最初はどうしても太ももに力が入りがちですが、ヒザを外側に張るのを意識するとハムストリングで支えられるようになってきます。慣れると30分でも1時間でもこの姿勢を続けられるのも、身体を筋肉で支えているわけではなく、骨格で支えているからです。実はこのナイハンチ立ちを正確に行えるようになるだけで、身体を精緻に見て、感じることが可能になってきます。

動き方の基本は、いたってシンプルです。ナイハンチ立ちから足を交差させて右に移動し、再び、ナイハンチ立ちになり、同じようにして左に戻ってナイハンチ立ちになります。これを納得するまで何度も繰り返します。

ポイントの一つ目は目線です。人は見た方向に重心が移動していきますから、動き出す前にまず目線を進行方向に向けます。ポイントの二つ目は重心を移動させてから動くこと。ですから❷番から❸番に動く時は左足で床を蹴ってはいけません。右足に体重を徐々に移していくことで左足を自由にし、❸番の交差に移行します。❸番から❹番へは右足のスネを左足のふくらはぎに押し付けながら重心移動を行います。また、頭の高さを変えないことも大切です。

このワークは筋トレではありません。早くやる必要もありません。逆にゆっくりゆっくり、それまで無意識だった重心移動を意識的に行う中で、無意識を意識に上げていく精緻な身体の使い方を覚えることが重要なのです。

対談で言っていた「足音を立てないように歩くこと」をワークに落とし込んだもので、これをやるだけで人の感覚は研ぎ澄まされていきます。人間の可能性を追究するための、なりたい自分になるためのワークとなります。

おわりに

山城師範と菊野選手の協力のもと、本書は完成しました。彼ら二人がいなければ、たぶん、この本は形になってはいないでしょう。なぜなら、いくら私の実家が武家であっても武術について私自身が語ることはあまりできないためです。

本文の中で何度か触れていますが、武術とは元来、術理はおろか技さえも公にするものではありません。それが武家の伝統であり、ドローンが戦争を行う21世紀でさえ疎《おろそ》かにはできない不文律なのです。ただし、こういった不文律を守るあまり、廃《すた》れてしまう武術も決して少なくはありません。私はこのことを憂えています。

いま残っている武術は江戸期の265年間、才能のある武術家たちが磨《みが》きに磨きをかけてきた技ばかりです。そういった天才たちの叡智《えいち》がここで途切れてしまうのはやはり惜しいものです。ですから、私は、山城師範が秘伝を公開していると聞いて、驚くとともに好感を持ったのです。しかも、彼はプロ格闘家やオリンピックに出場予定の空手の選手たちにまで教えていました。

ならば、彼を応援することで、私が考える武術の重要なエッセンス、術理を伝えることができるかもしれない。そう思って、私は本書の企画にゴーサインを出したのです。

果たして、その目論見《もくろみ》は大成功でした。

なんと、山城師範も私と同じように、現代における武術の在り方を懸命に模索していたからです。

彼は、私とのとある対談の中で、こんなことを漏らしたことがあります。「たぶん、僕の代で沖縄拳法空手は終わりでしょうね。このことは、弟子たちにもよく言うんですけど、なかなか真意を理解されません」と。

これまでのように山城師範が技を教えていけば、沖縄拳法空手は続くとお弟子さんたちはどうしても思ってしまうようです。しかし、武術の伝承はセミナーで教えるようなものとは根本的に違います。別にそれは出し惜しみをしているわけではなく、環境そのものが違うのです。

例えば、山城師範は生まれた時から空手が身近にありました。その空手も、現代的なものではなく、昔から続いている空手です。それがどういう意味を持つのか、お弟子さんたちにはピンとこないのです。

昔から続いている空手。昔から続いている武術。これが意味するものは、その目的が常に「人を殺す」ことを念頭に置いたものだったということです。

ですから、山城師範にしても、教えられた技はすべて急所を狙《ねら》うことだけなのです。物心付く前から急所を教えられ、いいえ、急所ということすら教えられず、ここが狙う場所ですよ、と教えられた場所がすべて人を一撃で殺せる場所ばかりであったとあとでわかる世界なのです。これが技を伝承するということです。山城師範が「僕で最後ですね」というのはそういう伝承をこの現代で行うことが可能なのか、本当に意味があるのか、という部分で悩んでいたわけです。

そうやって悩んだ結果が、沖縄拳法の身体の使い方を広めていけば、「人生がより良くなっていく」というものでした。人に空手を伝授する、新しい意味を自ら紡ぎ出して実行していることに、私はとても共感を覚えたのです。

彼はただ武術を教えているのではありません。「昔の凄《すご》い技を教えますよ」「空気投げのようなことも教えますよ」というものとは一線を画し、お婆さんでも使える〝空手〟、障害者でも使える〝空手〟を目指しています。強くなる空手ではなく、良くなる空手。これをひとつのゴールとしているのです。私が目指している武術も同じです。「内部表現の一瞬の書き換え」によって人生を豊かにする武術。これが私の目指すべきところのひとつとしてあります。つまり、持っている技術、目指している場所。この二つが私たちは共通していたために、本書は期待した以上に面白くなったのだと思います。

さて、皆さん、武術という、こんな素晴らしい技術が残っているのは、私が知る限り日本だけです。その日本に生まれたのですから、この技術を使って私たちは人生を豊かにしていくべきでしょう。自分を豊かにし、日本を豊かな国にし、世界を豊かさで満たしていきましょう。

その第一歩が自分の身体をよく観察することです。

すべての解決法も、すべての希望も、実はあなたの身体の中に最初からあるのです。あなたの心の中に常にあります。

それを取り出す方法が武術であり、沖縄拳法なのです。

最後になりましたが、武術という豊かなものに皆さんもぜひ一度触れてみてください。たぶん、あなたの人生は劇的に変わります。実は、なりたい自分になるための一番の近道が武術なのかもしれませんよ。

認知科学者　苫米地英人

資料編

沖縄拳法の歴史と系譜

沖縄拳法の歴史

「沖縄拳法」とは、中村茂先生による「沖縄空手に流派はない」という考え方から大同団結を謳《うた》い、1960年に組織されたものです。

そのきっかけは「全日本空手道連盟沖縄地区特別本部」として参加した九州大会への出席でした。

日本の空手道団体の組織力の強さを目の当たりにし、沖縄空手の将来を憂えた中村茂先生が、沖縄中の空手家に「沖縄拳法」への参加を呼びかけました。

1961年6月17日には、那覇の八汐荘にて行われた「沖縄古武道協会幹部設立記念」にて多くの空手の先人たちが集《つど》い、沖縄の空手道統合についての議論を重ね、和気あいあいとした中で、沖縄の空手道統合への賛同が得られるまでに至りました。

しかし、中村茂先生がお亡くなりになられた後は、

後列左から２人目が津波孝明氏・宮里寛先生・喜納敏光氏
前列左から２人目が中村茂先生・兼島信助氏・島袋善良氏

各流派がそれぞれの発展を目指し、統合はなりませんでしたが、結果的には沖縄空手の発展の時代へと進みました。

現在では、多くの流派がそれぞれに独立して発展し、時代は移り行き、沖縄拳法は中村茂先生の弟子たちの流派名として定着しつつあります。

「沖縄拳法」にはさまざまな系統・流派が参加していました。

「全日本空手道連盟沖縄地区特別本部」や「沖縄古武道協会」などに参加していた流派が中心で、技術交流も行われました。

中村茂先生の死後、沖縄拳法は分裂を続け、現在では直弟子たちを中心にいくつかの団体に分かれています。

それぞれがそれぞれの思いで沖縄拳法を受け継ぎ、沖縄拳法を広め、現在に至ります。

前列左から３人目が最高師範中村茂先生・師範代宮里寛先生・喜納敏光氏

沖縄拳法の系譜

中村茂先生は、宮里寛先生以外にも多数の方々を指導いたしましたが、この系譜では、宮里寛先生以外の中村茂先生の弟子の方々の記述は省略しています。

あくまでも私たちが習い受け継いだ系譜の主張であり、他の弟子の方々の主張を否定するものではございません。

（沖拳会ホームページより）

1821〜1904
崎山喜徳
KITOKU SAKIYAMA
武士崎山“タルー”

↓

1848〜1926
国吉真吉
SHINKICHI KUNIYOSHI
武士国吉

↓

1891〜1969
中村　茂
SHIGERU NAKAMURA

↓

宮里　寛
HIROSHI MIYAZATO

↓

山城辰夫
TATSUO YAMASHIRO

↓

山城美智
YOSHITOMO YAMASHIRO

3代目師範
中村茂先生

4代目師範
宮里寛先生

5代目師範
山城辰夫先生

●崎山喜徳　筑登之親雲上（武士崎山・崎山“タルー”）

湧田村（現在の沖縄県那覇市泉崎付近）に生まれる。徒手拳法、武器術からなる沖縄古来の「手《てぃ》」を継承。

●国吉真吉（武士国吉）

久茂地村（現在の沖縄県那覇市久茂地）に生まれ、泊村（現在の沖縄県那覇市泊）に転居。武士崎山に師事。“突き”の威力があまりにも強大であったことで知られ、シナジー（踏み固められた砂地）に突き込むと、手首までめり込むほどの威力があった。沖縄に伝わる泊手の研究を行い続け、泊武士国吉としてその名が知られていた。老年期に泊村から山原“ヤンバル”（沖縄本島北部）に転居し、中村茂らに「手」を継承した。泊の手として、ナイハンチ・セイサン・ニーセーシー・パッサイ・クーサンクー・武器術・武器の組型などを残した。

●中村　茂

名護村（現在の沖縄県名護市）に生まれ、武士国吉より「泊手」を継承。1906年、沖縄県立第一中学校（現在の県立首里高校）で糸洲安恒・屋部憲通・花城長茂より指導を受ける。名護に帰省後、泊村より転居してきた武士国吉に挑み、一撃で倒され、その強さに感服し弟子入りした。他にも東恩納寛量・岸本祖孝・本部朝基・喜屋武朝徳・宮城長順らと交流。戦後、1950年頃より名護村宮里で「沖縄拳法空手道修練所」の前身となる道場を開設。1960年2月5日、全日本空手道連盟より、十段範士の称号を贈られる。同年、「沖縄拳法空手道連盟」を結成。1961年、沖縄古武道協会（会長：比嘉清徳）理事就任。1967年、全沖縄空手古武道連盟よりスポーツ空手道功労賞。1950年（一説には1940年）頃より「防具付組手」を提唱し、その普及に尽力した。「本来の沖縄の手・空手には流派はない」という理念に基づき、「沖縄拳法」の名のもとに沖縄空手界の統一を図った。

●宮里　寛

羽地村（現在の沖縄県名護市）に生まれ、19歳の頃より中村茂に師事。そのすべての技術を継承。「沖縄拳法空手道修練所」において、中村茂の師範代として後輩を指導。1969年、師範認可および「沖縄拳法空手道連盟」の辞令を受け、正式に中村茂の後継と任命される。流行性感冒による中村茂の急逝後、「茂先生の息子が跡を継ぐのが筋」として沖縄拳法空手道修練所を退き、羽地の自宅にて活動。理事会等は羽地にて行われた。弟子に山城辰夫など。

●山城辰夫

沖縄県国頭郡今帰仁村に生まれる。屋部憲通の友人だった父の勧めで宮里寛に師事。「手」を継承後、住居を那覇に構えた山城辰夫は宮里寛先生より、「那覇には弟弟子の喜納敏光がいるから、そこで稽古しなさい」として、紹介された喜納敏光会長のもとで防具付組手等を研究、研鑽を続ける。そして沖縄拳法空手道協会の副会長として、喜納敏光会長に協力し、沖縄拳法の普及発展に努める。1990年より「全沖縄防具付組手空手道選手権大会」を主催。1995年に独立し、「沖縄拳法空手道　沖拳会」として活動。

[略歴]
苫米地　英人（とまべち・ひでと）
1959年、東京都生まれ。認知科学者、計算機科学者、カーネギーメロン大学博士（Ph.D）、カーネギーメロン大学CyLab兼任フェロー。マサチューセッツ大学コミュニケーション学部を経て上智大学外国語学部卒業後、三菱地所にて2年間勤務し、イェール大学大学院計算機科学科並びに人工知能研究所にフルブライト留学。その後、コンピュータ科学の世界最高峰として知られるカーネギーメロン大学大学院に転入。哲学科計算言語学研究所並びに計算機科学部に所属。計算言語学で博士を取得。徳島大学助教授、ジャストシステム基礎研究所所長、通商産業省情報処理振興審議会専門委員などを歴任。
苫米地英人公式サイト http://www.hidetotomabechi.com/
ドクター苫米地ブログ http://www.tomabechi.jp/
Twitter http://twitter.com/drtomabechi（@DrTomabechi）
PX2については http://bwf.or.jp/
TPIEについては http://tpijapan.co.jp/
携帯公式サイト http://dr-tomabechi.jp/

編集協力／中村隆治
撮影／中谷航太郎
イラスト／ヤギワタル

一瞬で自分を変える技術

2019年3月16日　第1刷発行

著　者　苫米地 英人
発行者　唐津 隆
発行所　株式会社ビジネス社
〒162-0805　東京都新宿区矢来町114番地 神楽坂高橋ビル5F
電話　03(5227)1602　FAX　03(5227)1603
http://www.business-sha.co.jp

〈カバーデザイン〉常松靖史（チューン）
〈本文組版〉メディアタブレット
〈印刷・製本〉中央精版印刷株式会社
〈編集担当〉本間肇　〈営業担当〉山口健志

ISBN978-4-8284-2084-4